동국세시기

東國歲時記

동국세시기

東國歲時記

동아시아 문화의 보편성으로
조선의 풍속을 다시 보다

홍석모 저 | 장유승 역해

규장각
새로 읽는
우리 고전   010

아카넷

'규장각 고전 총서' 발간에 부쳐

고전은 과거의 텍스트이지만 현재에도 의미 있게 읽힐 수 있는 것을 이른다. 고전이라 하면 사서삼경과 같은 경서, 사기나 한서와 같은 역사서, 노자나 장자, 한비자와 같은 제자서를 떠올린다. 이들은 중국의 고전인 동시에 동아시아의 고전으로 군림하여 수백 수천 년 동안 그 지위를 잃지 않았지만, 때로는 자신을 수양하는 바탕으로, 때로는 입신양명을 위한 과거 공부의 교재로, 때로는 동아시아를 관통하는 글쓰기의 전범으로, 시대와 사람에 따라 그 의미는 동일하지 않았다. 지금은 이들 고전이 주로 세상을 보는 눈을 밝게 하고 마음을 다스리는 방편으로서 읽히니 그 의미가 다시 달라졌다.

그러면 동아시아 공동의 고전이 아닌 우리의 고전은 어떤 것이고 그 가치는 무엇인가? 여기에 대한 답은 쉽지 않다. 중국 중심의 보편적 가치를 지향하던 전통 시대, 동아시아 공동의 고전이 아닌 조선의 고전이 따로 필요하지 않았기에 고전의 권위를 누릴 수 있었던 우리의 책은 많지 않았다. 이 점에서 우리나라에서 고전은 절로 존재하였던 과거형이 아니라 새롭게 찾아 현재적 가치를 부여하면서 그 권위가 형성되는 진

행형이라 하겠다.

　서울대학교 규장각한국학연구원은 법고창신의 정신으로 고전을 연구하는 기관이다. 수많은 고서 더미에서 법고창신의 정신을 살릴 수 있는 텍스트를 찾아 현재적 가치를 부여함으로써 새로운 고전을 만들어가는 일을 하여야 한다. 그간 이러한 사명을 잊은 것은 아니지만, 기초적인 연구를 우선할 수밖에 없는 현실로 인하여 우리 고전의 가치를 찾아 새롭게 읽어주는 일을 그다지 많이 하지 못하였다. 이제 이 일을 더 미룰 수 없어 규장각한국학연구원에서는 그간 한국학술사 발전에 큰 기여를 한 대우재단의 도움을 받아 '규장각 새로 읽는 우리 고전 총서'를 기획하였다. 그 핵심은 이러하다.

　현재적 의미가 있다 하더라도 고전은 여전히 과거의 글이다. 현재는 그 글이 만들어진 때와는 완전히 다른 세상이다. 더구나 대부분의 고전은 글 자체도 한문으로 되어 있다. 과거의 글을 현재에 읽힐 수 있도록 하자면 현대어로 번역하는 일은 기본이고, 더 나아가 그 글이 어떠한 의미가 있는지를 꼼꼼하고 친절하게 풀어주어야 한다. 우리 시대 지성

인의 우리 고전에 대한 갈구를 이렇게 접근하고자 한다.

　'규장각 새로 읽는 우리 고전 총서'는 단순한 텍스트의 번역을 넘어 깊이 있는 학술 번역으로 나아가고자 한다. 필자의 개인적 역량에다 학계의 연구 성과를 더하여, 텍스트의 번역과 동시에 해당 주제를 통관하는 하나의 학술사, 혹은 문화사를 지향할 것이다. 이를 통하여 우리의 고전이 동아시아의 고전, 혹은 세계의 고전으로 발돋움할 수 있기를 기대한다.

기획위원을 대표하여 이종묵이 쓰다.

차례

해제 '민족 고전'의 허상과 실상 9

서문 29

일러두기

1. 이 책은 도애 홍석모의 증손 홍승경이 연세대학교에 기증한 『동국세시기』 필사본을 저본으로 삼았다.
2. 저본의 오류로 짐작되는 부분은 인용 문헌 및 일반 용례 등을 참조하여 바로잡고 주석에 표시하였다.
3. 본문 중 대괄호【 】로 묶인 내용은 원문에 있는 것이며, 본문 괄호( ) 안의 간주와 책 말미의 주석은 모두 역해자가 붙인 것이다.
4. 본문은 번역문, 평설, 원문 순으로 배열하였다.

'민족 고전'의 허상과 실상

민족 고전의 탄생

『동국세시기』는 홍석모(洪錫謨, 1781~1857)가 우리나라 세시풍속을 월별로 서술한 책이다. 1849년 무렵 완성된 것으로 추정된다. 이 책은 간행되지 않은 채 필사본으로 전해지다가 1911년 조선광문회(朝鮮光文會)에 의해 간행되었다.

조선광문회는 1910년 최남선(崔南善) 등이 민족 전통의 계승을 표방하며 설립한 단체로, 주요 사업은 민족 고전의 간행과 보급이었다. 조선광문회는 190여 종의 고전을 간행 대상으로 선정하고 1918년까지 20여 종을 간행하였다. 『동국세시기』는 조선광문회가 첫 번째로 간행한 도서들 중 하나였다. 조선광문회는 『동국세시기』에 김매순(金邁淳)의

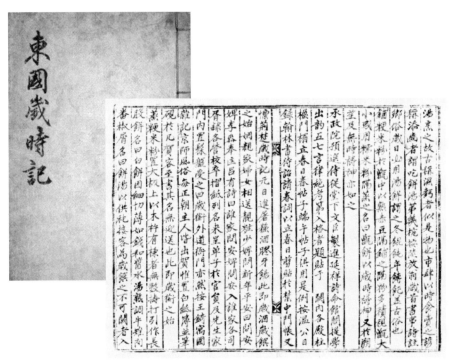

『동국세시기』 필사본, 연세대학교 중앙도서관 소장.

『열양세시기(洌陽歲時記)』, 유득공(柳得恭)의 『경도잡지(京都雜志)』를 합편하여 1911년 7월 20일 간행하였다.[1] 이 책의 저본이 되었을 것으로 추정되는 『동국세시기』의 필사본은 현재 연세대학교 중앙도서관에 소장되어 있다.

　『동국세시기』는 우리가 알고 있는 거의 모든 세시풍속의 문헌적 근거라 할 수 있는 자료이다. 이 때문에 『동국세시기』는 민속학의 주요 자료로서 일찍부터 주목을 받았다. 장지연(張志淵)은 1909년 『경도잡지』의

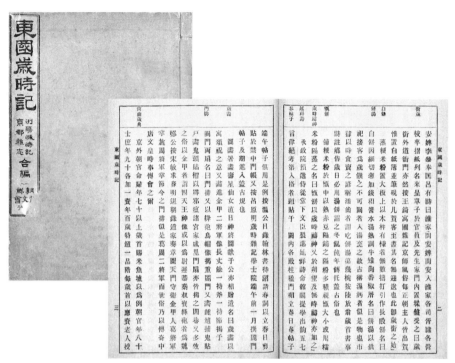

『동국세시기』 1911년 조선광문회 간행본. 서울대학교 규장각한국학연구원 소장.

서문을 지어 이 책의 가치를 널리 알리는 한편, 매일신보에 '조선세시기'라는 제목으로 1916년 12월 15일부터 이듬해 4월 1일까지 『동국세시기』의 주요 내용을 40회에 걸쳐 연재하였다. 광문회의 출판활동을 주도한 최남선 역시 매일신보 「조선상식」에서 『동국세시기』를 비롯한 조선시대 세시기를 바탕으로 전통 세시풍속을 설명하였다. 이 밖에도 일제 강점기의 한국학 연구에서 이 책은 늘 중요한 자료로 인용되곤 하였다.

특히 1930년대 이른바 '실학(實學)' 개념이 제기되면서, 이 책은 민족 주체성을 강조하고 근대 지향성을 보여주는 실학적 저술로 평가받게 되었다. 민족성 고취를 지상의 과제로 삼았던 일제 강점기 '국학(國學)' 풍토에서는 자연스러운 추세였다. 해방 이후 민족주의적 연구 경향이 더욱 뚜렷해지면서 이 책은 중국과 차별화된 민족 고유 세시풍속에 대한 긍지의 산물이라는 인식이 굳어졌다. 이렇게『동국세시기』는 명실상부한 '민족 고전'으로 자리 잡게 된 것이다.

세시기의 편찬과 세시기속시의 창작

『동국세시기』처럼 세시풍속을 날짜순으로 정리한 독립적인 저술을 '세시기'라고 한다. 세시기 창작은 18세기 후반부터 19세기 중반에 뚜렷이 관찰되는 문화적 현상이다. 가장 먼저 등장한 것이 조수삼(趙秀三) 「세시기(歲時記)」(1795)이다. 설날부터 섣달그믐까지 1년의 세시풍속을 모두 다루었으나 비교적 간략한 서술에 그쳤다. 최초의 본격적인 세시기는 유득공의『경도잡지』(1796)이며, 이 책은『동국세시기』를 비롯한 후대의 세시기에 상당한 영향을 미쳤다. 이어서 조운종(趙雲從)의 「세시기속(歲時記俗)」(1818)과 김매순의『열양세시기』(1819)가 편찬되었다. 서유구(徐有榘)의『임원경제지(林園經濟志)』(1842)「이운지(怡雲志)」에 수록된 「절신상락(節辰賞樂)」 역시 세시기의 하나로 볼 수 있다.『동국세시기』는 이러한 성과에 힘입어 편찬된 것이다. 선행 연구에서 지적한 대로『동국세시기』 내용 중 상당수는 『경도잡지』에서 전재(轉載)한 것이며, 「세시기속」의 저자 조운종은 『동국세시기』의 저자 홍석모와 교유가 있었다. 『동국세시기』 이후로도 권용정(權用正)의 『한양세시기(漢陽歲時記)』 등 세시기 창작은 계속되었다.

세시풍속을 소재로 지은 연작시의 창작도 세시기의 창작과 궤를 같이한다. 이러한 '세시기속시'는 전통적인 분류에 따르면 기속시(紀俗詩) 및 죽지사(竹枝詞)에 해당한다. 강박(姜樸)의 「원조기속(元朝紀俗)」 14수, 「상원기속(上元紀俗)」 20수, 「한식기속(寒食紀俗)」 4수, 강필신(姜必愼)의 「상원기속(上元紀俗)」 14수, 「원조기속(元朝紀俗)」 20수[2] 등 일부 명절의 세시풍속을 소재로 한 연작시는 비교적 이른 시기부터 등장하였다. 또한 이학규(李學逵)의 「금관기속시(金官紀俗詩)」 77수와 같이 특정 지역의 세시풍속을 소재로 한 연작시도 이미 존재하였다. 이러한 작품은 일일이 거론하기 어려울 정도이다.

18세기 후반에 오면 1년의 세시풍속을 종합적으로 서술한 대형 연작시가 등장한다. 유만공(柳晩恭)의 「세시풍요(歲時風謠)」 200수, 홍석모의 「도하세시기속시(都下歲時記俗詩)」 126수 등이 대표적이다. 세시기속시의 창작은 권용정의 「세시잡영(歲時雜詠)」 25수, 김형수(金迥洙)의 「농가십이월속시(農家十二月俗詩)」와 「월여농가(月餘農歌)」 등으로 이어지며 20세기까지 계속되었다.

시라는 장르의 속성상, 세시기속시는 세시기에 비해 정보 전달의 정확성과 구체성에서 한계를 안고 있기 마련이다. 세시기속시의 작자들은 주석을 부기함으로써 이러한 한계를 극복하고자 하였다. 세시기속시 가운데 상당수는 각 편마다 상세한 주석이 부기되어 세시기 못지 않은 정보를 전달하고 있다. '세시기'를 먼저 편찬한 뒤 시를 덧붙이는 경우도 있고, 시를 먼저 지은 뒤 상세한 주석을 덧붙이는 경우도 있으므로, '세시기'와 '세시기속시'는 사실상 동일한 성격의 저술이라 하겠다. 시와 산문이라는 근대적 장르의 잣대로 세시기를 재단하면 곤란하다.

이 점에서 『동국세시기』는 「도하세시기속시」와 밀접한 관련을 맺고 있다. 「도하세시기속시」 126수는 모두 『동국세시기』에 등장하는 소재를 제목으로 삼았으며, 그 내용 또한 『동국세시기』의 내용을 거의 벗어나지 않는다. 이 점은 두 작품을 대조해보면 알 수 있다. 일례로 『동국세시기』의 '삼복'에는 아래와 같은 내용이 보인다.

개를 잡아 파를 넣고 푹 삶은 것을 개장[狗醬]이라고 한다. 닭고기와 죽순을 넣으면 더욱 좋다. 또 국을 끓여 고춧가루로 간을 하고 흰밥을 말면 제철 음식이 된다. 땀을 내면 더위를 물리치고 허한 몸을 보충할 수 있다. 시장에서도 많이 판다.

『사기(史記)』를 보면 "진(秦)나라 덕공(德公) 2년, 처음으로 복사(伏祠)를 짓고 사대문에서 개를 찢어 죽여 벌레를 막았다." 하였다. 개를 찢어 죽이는 것이 복날의 고사였는데, 지금 풍속이 이를 따라서 삼복의 좋은 음식으로 삼는다.

이른바 보신탕을 만드는 방법과 효과, 그리고 그 기원을 언급하였다.

역시 보신탕을 소재로 삼은 「도하세시기속시」의 「삼복구갱(三伏狗羹)」은
다음과 같다.

> 진나라 문에서 개를 찢어 신에게 바쳤으니   秦門磔狗饗神禳
>
> 복날의 유풍으로 개장국을 먹는다네   伏日遺風啗戌羹
>
> 흰밥을 말아 더위를 막고 허기를 보충하니   禦暑補虛澆白飯
>
> 집집마다 추렴하여 먹고 삼복을 보내네   家家醵食送三庚
>
>   ─ 「도하세시기속시」 제91수 「삼복구갱」

「도하세시기속시」의 내용은 『동국세시기』와 다르지 않다. 『동국세시
기』의 내용이 보다 자세하여 마치 「도하세시기속시」가 『동국세시기』를
축약한 것처럼 보이지만, 「도하세시기속시」가 1847년, 『동국세시기』가
2년 뒤인 1849년에 완성되었다는 점을 고려하면, 『동국세시기』는 사실
상 「도하세시기속시」의 주석에 해당한다고 하겠다. 『동국세시기』와 「도하
세시기속시」는 별개의 저술이 아니다.

세시기 편찬의 배경과 의의

선행 연구에서는 18세기 후반에서 19세기 중반에 걸쳐 편찬된 일련
의 세시기를 이른바 '실학'의 산물로 간주하였다. 세시기는 중국과 차
별되는 우리나라의 고유한 풍속을 정리한 저술로서, 중국 중심의 세계

관을 벗어나 자국의 고유한 역사와 문화에 관심을 기울인 '민족주체성'의 산물이라는 것이다. 세시기의 편찬은 주자학 일변도의 학문적 경향을 벗어난 성과이며, 심지어 양명학에 기반한 문화조류의 산물이라는 주장도 제기되었다.[3] 아울러 양반 사대부뿐만 아니라 하층 민중의 문화까지 소재로 포괄하였다는 점에서, 세시기의 '민중 지향성'도 강조되고 있다.

그러나 이러한 평가는 '실학'에 대한 과도한 의미 부여를 무비판적으로 수용한 결과이다. 이른바 '실학'이 풍미하는 시기에 자국의 역사와 문화에 대한 관심 그리고 민간의 현실에 대한 관심이 높아진 것은 사실이지만, 민족주의와 민중주의라는 근대적 개념으로 이 현상을 설명할 수 있을지는 의문이다.

무엇보다 먼저 해명되어야 하는 것은 거의 모든 세시기가 우리나라 세시풍속의 기원을 중국으로 간주하고 있다는 점이다. 이 점은 세시기 연구의 핵심 쟁점이다. 특히 『동국세시기』의 경우 이러한 경향이 대단히 뚜렷하다. 서술한 풍속의 절반 이상을 중국에서 기원을 찾고 있다. 과연 이러한 서술 태도를 민족주체성과 어떻게 관련지을 수 있을지 의문이다. 이 때문에 『동국세시기』는 '모화사상에 의한 견강부회'[4]라는 비난을 받기도 하였다. 그러나 『동국세시기』를 비롯한 조선시대 세시기의 자료적 가치가 너무나도 크기 때문인지, 중국 기원설은 그다지 큰 문제로 여겨지지 않았다. 『동국세시기』는 "자국 문화에 대한 자긍심의 발로로 저술"된 것이 분명하며, 우리나라 세시풍속의 기원을 중국에서 찾는 것은 시대적 한계에 따른 "학문적 오류에서 기인하는 문제"라는 것이다.[5]

기실 우리나라 세시풍속의 기원을 중국에서 찾는 경향은 오래 전부터 있던 것이다. 이러한 일반적인 경향을 모화사상으로 치부하는 것도 문제지만, 그렇다고 실상을 외면한 채 민족주의적 성격을 지나치게 강조하는 것도 바람직하지 않다. 홍석모에게 자국 문화의 독자성을 강조하고자 하는 의도가 있었다면 중국과 조선 세시풍속의 차별성을 강조하는 것이 상식적이다. 군이 중국 문헌을 인용하여 유사성을 부각시킬 필요가 없는 것이다. 홍석모는 때로 무리한 추론을 동원하여 자국의 세시풍속이 중국에서 기원하였다는 점을 강조하였다.

최근 들어 세시기에 과도한 민족주의적 의미를 부여하는 경향에 대한 반성이 제기되고 있다. "중국이라는 문화 중심국의 풍습 혹은 습속의 일부를 주변 나라들에서 공유하는 것은, 그것이 일방적 수수든 영향이든 간에, 대단히 자연스러운 현상이었다."[6]라고 하며, "『동국세시기』의 이러한 서술 태도는 '민족의 고유성' 같은 이데올로기를 과장하기 일삼던 정치 선전에서 벗어나 현실을 정직하게 바라보아야 한다는 점을 일깨워 준다."[7]라는 주장이 바로 그것이다.

세시기의 편찬이 19세기 중반 지식인들이 지녔던 조선과 중국의 공동운명체적 의식에 바탕하여 문화적 동질성을 강조한 것이라는 새로운 견해도 음미할 가치가 있다.[8] 이 시기 문인들 사이에서는 서세동점(西勢東漸)에 대한 위기의식으로 인하여 조선과 청나라가 공동운명체라는 인식이 확산되고 있었다. 이러한 상황에서 세시기의 편찬은 조선과 중국의 문화적 연대의식을 강화하고자 하는 의도에서 비롯되었다는 주장이다. 그러나 이러한 견해는 여전히 소수에 불과하다. 민족주의적 관점으로부터의 탈피는 여전히 요원해 보인다.

세시기와 세시기속시의 창작이 순전히 민족의식의 자각과 민중의식의 성장이라는 내적 동기에서 비롯되었다고 보는 것은 온당치 않다. 세시풍속에 대한 조선 후기 문인들의 관심을 촉발한 것은 명(明)·청(淸)의 총서(叢書) 및 유서(類書)였다. 이러한 서적들은 17세기 무렵부터 연행(燕行)을 통해 대량으로 수입되었으며, 조선의 학술 풍토에 거대한 변화를 일으켰다. 명·청의 총서 및 유서에 실려 있는 광범위하고 심도 깊은 지식 정보에 힘입어, 고증과 분석을 위주로 하는 새로운 학풍이 출현하였다. 세시풍속에 대한 관심도 이러한 학풍에서 파생된 것이었다.

조선 후기 세시기의 전범이라 할 수 있는 종름(宗懍)의 『형초세시기(荊楚歲時記)』가 널리 알려지게 된 계기도 명·청의 총서 및 유서였다. 『형초세시기』는 6세기의 저작이지만, 조선 문인들에게 알려지게 된 것은 이 책이 편입된 명·청의 총서 및 유서가 조선에 수입되었기 때문이다. 이 밖에 후한(後漢) 응소(應劭)의 『풍속통(風俗通)』, 진(晉)나라 주처(周處)의 『풍토기(風土記)』, 진나라 육홰(陸翽)의 『업중기(鄴中記)』, 남조(南朝) 송(宋)나라 성굉지(盛宏之)의 『성주기(荊州記)』 등 중국 각 지역의 풍속을 다룬 저술, 명나라 소대형(蕭大亨)의 『이속기(夷俗記)』, 원(元)나라 주달관(周達觀)의 『진랍풍토기(眞臘風土記)』, 청나라 주황(周煌)의 『유구국기략(琉球國記略)』 등 중국 밖 지역의 풍속을 다룬 저술도 모두 명·청의 총서 및 유서에 실려 조선에 전해졌다.[9]

이러한 중국의 세시기들은 『동국세시기』에도 다수 인용되어 있는데,

인용문을 대조해보면 홍석모가 이 책들을 직접 열람한 것이 아니라 총서 및 유서에서 재인용하였다는 사실을 확인할 수 있다. 심지어 홍석모는 『월령(月令)』,『고금예술도(古今藝術圖)』,『쇄쇄록(碎瑣錄)』,『연북잡지(燕北雜志)』 등 이미 오래 전에 일실된 책들도 인용하였는데, 이 역시 총서 및 유서에 실려 있는 내용을 재인용하였다는 증거이다. 조선 후기 문인들은 명·청의 총서 및 유서를 통해 세시풍속의 서술에 관심을 가지게 되었으며, 이러한 관심이 우리나라 세시풍속을 다룬 세시기와 세시기속시의 창작으로 이어진 것이다.

세시기와 죽지사

조선시대 세시기에 보편적으로 나타나는 우리 세시풍속 중국 기원설에 대해 연구자들은 그것이 옳으냐 그르냐를 따졌을 뿐, 홍석모가 왜 우리 세시풍속의 기원을 중국에서 찾고자 했는지에 대해서는 관심을 기울이지 않았다. 그가 억측에 가까운 무리한 추론으로 굳이 중국 풍속에서 기원을 찾은 이유를 생각해볼 필요가 있다.

첫째는 당시 학계를 풍미한 고증학의 영향이다. 이 시기 문인들은 모든 사물의 기원을 고대(古代)로 소급하여 찾고자 하는 경향이 있었다. 이 시기를 전후하여 수입된 명·청의 방대한 문헌이 그 작업을 가능케 하였다. 우리 역사와 문헌에 대한 조선 후기 문인들의 관심도 어느 정도는 이러한 유행에 힘입은 것이었다. 세시풍속의 유래를 추적한 이들은 중국 문헌에서 그와 비슷한 풍속을 발견하고, 이를 우리 세시풍속의 기원으로 간주하였던 것이다.

둘째는 문화적 보편성의 추구이다. 세시기가 집중적으로 창작된 18세기 말에서 19세기 초는 강희(康熙), 옹정(雍正), 건륭(乾隆)의 치세가 이어진 끝에 청나라 중심의 세계 질서가 안정기에 접어든 시기이다. 이에 따라 조선에서도 대명의리론이 퇴색하고 북학(北學)의 사조가 대두되었다. 청조의 문화에 대한 관심이 높아지고, 조선 문인들과 청조 문인들의 교류도 활발해졌다.

이러한 변화의 배경에는 청조의 '대일통(大一統)' 정책이 있다. 대일통 정책은 본디 이민족 왕조로서 한족과의 공존을 모색한 청조의 선택이었으며, 공격적인 영토 확장 정책으로 확보한 지역의 안정을 위한 정책이기도 하다. 조선 문인들 역시 청조의 대일통 정책에 차츰 동화되어가고 있었다.

대일통 정책이 문학적으로 표현된 대표적인 사례가 죽지사이다. 각 지역의 독특한 풍속을 소재로 삼은 죽지사의 창작은 청대에 절정을 이루었다. 현전하는 죽지사의 90퍼센트 이상이 청대에 창작된 것이다. 특히 청대에는 우통(尤侗)의 「외국죽지사(外國竹枝詞)」를 필두로 중국 밖 여러 나라의 풍속을 소재로 한 죽지사가 널리 유행하였다. 조선 문화에 대한 청조 문인들의 관심 또한 이러한 배경에서 나온 것이었다.

과거의 죽지사에서 민간 풍속이 단순한 배경에 머물렀다면, 후대의 죽지사는 풍속 그 자체를 서술하는 데 중점을 두었다. 이러한 죽지사에는 상세한 주석을 부기한 경우가 많다. 특히 외국죽지사의 경우, 주석이 없으면 이해하기 어렵다는 점에서 주석의 존재는 필수적이다. 상세한 주석이 부기된 죽지사는 그 자체로 하나의 세시기이다.

세시기 편찬자들은 이러한 청 문단의 유행을 인지하고 있었던 것으로 보인다. 김매순, 홍석모, 조운종 등 세시기의 작자가 대부분 경화세족(京華世族)이며, 그렇지 않은 서얼(유득공, 유만공), 중인(조수삼, 김형수)도 중국에 다녀온 경험이 있거나 국제적 감각을 가진 이들이었다.

흥미로운 점은, 이들에게는 조선 풍속에 대한 관심과 아울러 중국 풍속에 대한 관심이 동시에 나타난다는 사실이다. 우선 홍석모는 『동국세시기』와 「도하세시기속시」로 조선의 풍속을 집대성하는 한편, 중국의 풍속 또한 유사한 형식으로 서술하였다. 『유연고(游燕藁)』에 수록되어 있는 시들이 바로 그것이다. 『유연고』 수록 시는 연행길에서 견문한 풍속을 소재로 지은 것으로, 자세한 주석이 부기되어 있다. 특히 북경의 경관과 풍속을 다양한 각도에서 묘사한 「황성잡영(皇城雜詠)」100수는 분량이나 서술의 상세함에서 『동국세시기』와 「도하세시기속시」를 상회한다.

「세시기」의 작자 조수삼은 연경의 풍속을 서술한 「해전죽지사(海甸竹枝詞)」와 동아시아 제국의 풍속을 서술한 「외이죽지사(外夷竹枝詞)」를 남겼다. 「세시기」는 소략한 반면, 「외이죽지사」는 122수에 달한다. 『경도잡지』의 저자 유득공은 「열하기행시주(熱河紀行詩注)」라는 또 다른 저술을 남겼다. 「열하기행시주」는 연경의 풍속을 묘사한 연경죽지사의 성격은 물론, 이역의 사신으로부터 전해들은 견문까지 포함하여 외국죽지사의 성격도 지니고 있다.

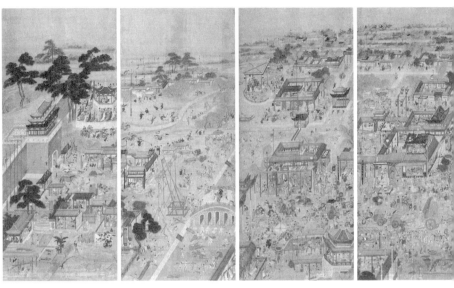

〈태평성시도〉, 국립중앙박물관 소장.
도시화된 서울의 번화한 모습을 묘사한 그림이다. 1792년 정조의 명으로 〈성시전도(城市全圖)〉
가 그려졌는데, 태평을 과시하고 왕권을 강화하기 위한 의도였다. 이후 비슷한 그림 제작이 이어
졌는데, 이 그림은 그중 하나이다.

　기실 『경도잡지』를 비롯한 유득공의 일련의 세시기 저술은 중국 문인
들에게 보여주기 위한 것으로 추정된다. 세시기가 중국에 보여주기 위
한 것이었음을 입증하는 증거는 많다. 유득공은 1790년 연행에서 세시
기와 같은 저작이 있느냐는 청조의 관리 이정원(李鼎元)의 질문을 받은
적이 있다. 그 질문은 유득공이 『경도잡지』를 저술하는 직접적인 계기
가 되었을 가능성이 있다.[10] 우리나라 역사를 서술한 「이십일도회고시」
역시 중국 문인과의 소통을 위한 저작이었다.[11]
　이 밖에 「농가십이월속시」와 「월여농가」의 저자 김형수는 북경의 세

시기속시「연경잡영」314수의 저자 김진수의 아우이다. 김진수가「월여
농가」에 서문을 썼다는 점을 고려하면, 이들 형제의 관심사는 서로 크게
다르지 않았을 것이라 생각된다.

　홍석모의 경우, 그가 평생에 걸쳐 가장 큰 자랑거리로 삼은 것은 조부
홍양호(洪良浩) 이래『사고전서(四庫全書)』편찬의 책임자로 유명한 기윤
(紀昀)의 집안과 '삼세신교(三世神交)'를 맺었다는 사실이었다. 홍석모
의 조부 홍양호, 숙조 홍명호(洪明浩), 종숙 홍희신(洪羲臣), 부친 홍희준
(洪羲俊), 종형 홍경모(洪敬謨), 그리고 홍석모 자신까지 모두 여섯 명은

연행 경험이 있으며, 기윤을 비롯한 청조의 문인들과 지속적인 교유를 맺었다. 그들은 이국적인 복색의 사신들이 청 황제를 조회하기 위해 북경으로 모여드는 광경을 목도하였으며, 이러한 광경은 청이 주도하는 세계질서를 증명하기에 충분하였다. 홍석모 역시 청 중심의 세계질서에 깊이 동조하며, 당대를 태평성대로 묘사하였다. 그의 의식에서는 전통적인 화이관 및 대명의리론의 흔적을 찾아보기 어렵다. 『동국세시기』와 「도하세시기속시」 그리고 『유연고』에 실려 있는 중국 기속시는 이러한 인식의 산물이다.

청이 주도하는 세계질서 하에서 조선은 비교적 안정을 누렸으며, 이는 태평을 구가하는 작품들에서 찾아볼 수 있다. 세시기의 창작과 함께 보아야 하는 것이 정조조의 성시전도시(城市全圖詩) 창작이다. 「성시전도시」는 번화한 도시로서 한양의 모습을 자세하면서도 생생하게 묘사하였다. 창작의 의도는 태평성대의 분식을 통한 왕권 강화에 있었다.[12] 이 밖에 서울의 번영을 소재로 삼은 유본예의 「한경지략」, 강이천의 「한경사」, 강준흠의 「한경잡영」 등이 이 시기에 집중적으로 창작되었다는 점도 고려할 필요가 있다. 이 작품들에서는 어떠한 위기의식도 찾아보기 어려우며, 한결같이 당대를 태평성대로 묘사하고 있다.

동아시아 풍속의 공통성을 찾아서

홍석모의 저술로 『도애시집(陶厓詩集)』 21책과 『도애집(陶厓集)』 8책,

『상심록(賞心錄)』 1책, 『유연고』 3책이 전한다. 모두 필사본이다. 이 가운데 『상심록』은 홍석모가 젊은 시절 지인들과 수창한 시를 모은 것이며, 『유연고』는 1826년 부친 홍희준을 따라 연행하였을 때 지은 시를 모은 것이다. 『도애시집』은 그가 평생에 걸쳐 지은 시를 한데 모은 것으로 보인다. 이 책에 수록된 시 가운데 일부는 제목 상단에 권점(圈點)이 있고, 권점을 친 것은 모두 『도애집』에 실려 있다. 『도애집』 수록 한시를 『도애시집』에서 선발했다는 사실을 확인할 수 있다. 이로 미루어 『도애집』 수록 산문의 초고본에 해당하는 『도애문집』의 존재도 추정해볼 수 있겠지만, 현재로서는 보이지 않는다.

「도하세시기속시」는 『도애시집』에는 실려 있지만 『도애집』에는 보이지 않는다. 『동국세시기』에 대한 언급 역시 『도애시집』 및 『도애집』 어디에도 보이지 않는다. 「도하세시기속시」와 『동국세시기』는 홍석모에게 그다지 큰 의미를 가지는 작품이 아니었던 듯하다. 그러나 일제 강점기 국학자들에 의해 이 두 작품은 홍석모의 대표작으로 알려지게 된다.

선행 연구에서는 장지연과 최남선이 『동국세시기』를 비롯한 조선시대 세시기를 재조명한 의도가 민족의식 고취에 있었다고 주장하지만, 자세히 들여다보면 과연 그러한지 의문이다. 1909년에 지은 장지연의 「경도잡지서」에서는 그러한 의도가 드러나는 듯하지만, 그것은 중국이나 일본의 풍속에 대한 조선 풍속의 차별성을 강조하는 데 있는 것이 아니라 서구 문물의 유입으로 인한 전통 문화 퇴색에 대한 대응으로 보는 것이 온당하다. 장지연은 우리나라 세시풍속을 중국에서 유래한 것으로 간주하는 세시기의 기록을 아무런 거부감 없이 인용하곤 하였다.

특히 최남선의 경우, 우리나라 세시풍속을 전근대 사회의 보편적인 풍속으로 간주하는 경향이 두드러진다. 그는 우리나라 세시풍속을 동아시아 풍속의 상호 소통 결과로 간주하였으며, 나아가 인류의 보편적인 문화로 해석하였다.[13]

'동국세시기'라는 제목 역시 보편성의 추구와 관련이 있다. '동국'은 중국이라는 타자를 상정한 개념이다. 중국에 대한 의식 없이 동국이라는 개념은 성립하지 않는다. 그렇지만 간과해서는 안 되는 것이 있다. '동국'은 '중국'과 대등한 개념이 아니다. '동국'은 '중국'이라는 세계의 일부에 해당한다. 홍석모는 결코 중국과 조선을 대등한 관계로 간주하지 않았다. 그에게 조선은 중국이라는 세계의 일부였다.

세시기의 전범으로 간주되는 『형초세시기』가 중국의 한 지방 풍속을 서술한 것처럼, 『동국세시기』 역시 중국이라는 세계의 일부로서 우리나라 풍속을 서술한 것이다. 조선 후기 세시기의 저자들은 중국과의 차별성을 드러내었지만, 그것은 어디까지나 보편성에 입각한 것이었다. 조선 후기 세시기가 다루고 있는 일 년의 수많은 명절 가운데 중국에서 명절로 간주하지 않는 날은 거의 없다. 조선 후기 세시기는 중국과 같은 명절을 공유하는 조선의 같고 다른 풍속을 소개한 것이다.

『동국세시기』는 '중국과 다른 조선' 또는 '중국과 대등한 조선'을 강조하기 위한 저술이 아니다. 『동국세시기』는 중국이라는 세계의 일부로서 조선이 가지고 있는 보편성과 차별성을 세계에 보여주기 위한 저술이다. 따라서 『동국세시기』에 기록된 세시풍속을 '우리 고유의 풍속'으로 성급히 단정 짓는 것은 위험하다. 『동국세시기』의 세시풍속 가운데 상당수는 동아시아 제국(諸國)의 보편적인 풍속이다.

아울러 『동국세시기』의 세시풍속을 우리나라의 보편적인 풍속으로 간주하는 것도 무리이다. 『동국세시기』는 어디까지나 이 책이 편찬된 19세기 중반 한양 일대의 풍속을 반영하고 있을 뿐이다. 일례로 『동국세시기』에 등장하는 명절 음식은 대부분 시장에서 파는 것으로 기록되어 있다. 대보름에 어린이들이 가지고 노는 연과 바람개비, 단옷날의 부채, 초파일의 등도 모두 시장에서 팔고 있다. 『동국세시기』는 19세기 서울의 상업화된 명절 풍속을 반영한다.

『동국세시기』에 기록된 지방 풍속은 홍석모가 직접 목도한 일부를 제외하면 대부분 1530년 편찬된 『신증동국여지승람』에서 인용한 것이다. 1849년경 편찬된 『동국세시기』와는 300년 이상의 거리가 있다. 『동국세시기』에 기록된 지방 풍속이 과연 홍석모 당대까지 계승되고 있었는지 의문이다. 서울 풍속에 대한 서술 역시 홍석모 당대로부터 50년 전 저술인 『경도잡지』에 의거한 것이 많아 풍속의 전래 여부는 알 수 없다. 문헌에 의지한 저술의 한계이다.

또한 이 책에서 소개한 세시풍속 가운데 상당수는 다른 문헌에서는 찾아볼 수 없는 것이다. 이 점에서 『동국세시기』의 기록은 소중하지만, 한편으로는 오래지 않은 풍속일 가능성도 염두에 두어야 한다. 오랜 전통으로 내려오는 풍속이라면 다른 문헌에서도 언급하였을 가능성이 높기 때문이다. 『동국세시기』를 읽을 때는 시대적·지역적 한계를 항상 생각해야 한다.

『동국세시기』의 번역은 이미 여러 차례 이루어졌다. 특히 엄밀한 텍스트 비평을 바탕으로 기존 번역의 오류를 바로잡은 『조선시대 세시기 Ⅲ』(국립민속박물관, 2007), 관련 자료를 폭넓게 인용한 정승모의 『동국세시기』(풀빛, 2009)는 학술적 가치가 높은 연구 성과이다. 그럼에도 굳이 이 책을 내는 이유는 우리의 세시풍속에 대한 비판적이고 균형 잡힌 시각을 제공하기 위해서이다. 이를 위해 가급적 많은 문헌을 조사하여 『동국세시기』에 언급된 세시풍속이 과연 얼마나 오랜 전통을 지닌 것이며 얼마나 보편적인 것이었는지 밝히고자 하였다. 이 책을 통해 세시풍속의 본질을 포착하고 그것이 시대와 지역에 따라 서로 다른 모습으로 나타나는 실상을 확인하는 계기가 되기를 기대한다. 아울러 지금은 문화다양성의 시대이다. 동아시아 문화의 보편성을 바탕으로 우리의 세시풍속을 조명한 『동국세시기』는 자문화 중심주의를 벗어나 서로 다른 문화를 이해하는 데 기여할 수 있을 것이라 믿는다.

서문

    나는 설날과 대보름에 각기 수십 수의 절구시를 지어 토속을 대략 서술한 적이 있다. 읽어본 사람들은 해박하다고 하였고, 심지어 놀라서 입을 벌리기도 하였다. 그래서 다시 구절마다 서술하여 한 나라의 세시풍속에 관한 참고자료를 만들고자 하였으나 미처 하지 못한 채 벌써 여러 해가 흘렀다. 늙고 게을러 필력이 떨어져서 예전처럼 생각나는 대로 쓸 수 없기 때문이다.

    하루는 도애(陶厓) 홍우[洪友 : 홍석모를 가리킴]가 책상 위에 있는 책 한 권을 보여주며 말했다.

    "이것은 우리나라 세시풍속을 서술한 것이라네. 중국은 종름 이후로 이런 책을 만든 사람이 적지 않았는데, 우리나라에는 지금까지 없었네. 그러므로 대충 본떠서 서로 다른 풍속을 기록하여 믿을 만한 책으로 만

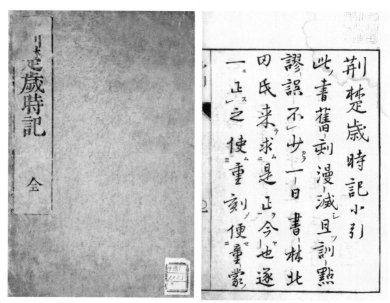

종름, 『형초세시기』, 일본 와세다대학 소장.
중국 남부 지방의 풍속을 정리한 책으로, 조선 후기 세시기의 전범이다. 조선 문인들은 총서와
유서를 통해 이 책을 접한 것으로 보인다.

들었네. 서문이 없으면 안 되니, 나를 위해 한번 지어주게."

내가 그 책을 받아 끝까지 읽어보니, 1월부터 12월까지 모두 23조목
이었다. 어느 달에 있는 일이지만 날짜로 묶을 수 없는 것은 각 달의 말
미에 구별하여 게시하였고, 맨 끝에는 윤달에 해야 하는 일을 덧붙였
다. 가까운 서울부터 먼 시골에 이르기까지 평범한 한 가지 일이라도
명절에 해당하는 것이라면 비록 비속하더라도 남김없이 기록하였다.
우리나라 풍속 아래에는 딱 맞는 기록을 널리 찾아 그 유래를 밝혔으
니, 근거가 풍부하고 여러 가지가 모두 실려 있다. 물줄기를 거슬러 올

라가 근원에 도달하고 가지에서부터 뿌리까지 도달하니, 이는 비단 한 나라의 풍속을 묘사한 것이 아니라 먼 옛날 중국의 풍속에서 유추한 것으로 엄연한 일통문자(一統文字)이다. 내용이 풍부하니 필시 후세에 증거로 삼기에 충분할 것이다. 비록 그러하나 이것은 솥에 들어 있는 고기 한 점에 불과하다. 어찌 고기 맛을 제대로 보았다고 하겠는가.

아, 홍군이 젊은 시절 스스로에게 걸었던 기대가 어떠하였는가. 사람들이 누군들 대를 이어 윤음(綸音)[1] 짓기를 담당할 후손이라 장담하지 않았겠는가. 그런데 운명에 얽매여 재주를 품은 채 써보지도 못하였다. 저 대궐의 글 짓는 관청에서 훌륭한 문장으로 임금을 빛내고 음악으로 연주되는 영광은 남에게 맡기고, 미관말직을 전전하면서 백발로 영락하였다. 오직 사부(辭賦)[2]와 시율(詩律)로 무료한 심정을 달래며 답답하고 불평한 소리를 쏟아낼 뿐이니, 어찌 이리도 어그러졌는가.

이러한 책으로 말하자면, 비록 무료한 가운데 소일하다가 만든 것이지만 한 나라의 풍속을 망라하고 매해의 문헌을 완비하였으니, 종름을 비롯한 여러 사람들이 한 지방 견문을 대충 기록하고 그친 것보다 훨씬 뛰어나다. 탐독하느라 며칠 동안 갖고 있었는데 이제 그냥 돌려줄 수는 없기에 이 글을 써서 돌려준다.

기유년(1849) 중양절 나흘 뒤, 곡양만객(穀瀼漫客) 이자유(李子有)가 서문을 쓰다.

그간 이 서문의 작자는 이자유로 알려졌으나, 이자유의 성명은 이교영(李教英, 1786~1850)이며 '자유'는 자(字)이다. 홍석모의 문집 『도애집』에 실려 있는 「제곡양자이자유교영문(祭穀瀼子李子有教英文)」 등을 보면 이자유의 본명이 이교영이라는 사실은 분명하다. '곡양만객', '곡양자' 등은 그의 호인 듯하다. 최근 연구에서도 여전히 '이자유'로 언급되고 있는데, 바로잡을 필요가 있다.

이교영은 1786년생으로 홍석모보다 다섯 살 연하이다. 본관은 전주이며 1844년 문과에 급제하여 지평, 장령을 거쳐 대사간을 역임하였다. 서문을 쓸 당시 그의 나이는 이미 64세였다.

이교영 역시 설날과 대보름 풍속을 소재로 시를 짓고서, 시구의 내용을 자세히 풀이하여 한 해의 세시풍속을 정리한 저술을 엮고자 하였다. 이처럼 시를 짓고 주석을 부기하는 방식은 홍석모가 「도하세시기속시」를 지은 뒤 『동국세시기』를 편찬한 것과 같다. 이교영은 끝내 뜻을 이루지 못했으나, 홍석모는 「도하세시기속시」와 이를 풀이한 『동국세시기』를 완성하였다.

이교영의 서문에서 홍석모는 불우한 인물인 양 묘사되어 있지만, 실상 그는 조선 후기 경화세족의 일원으로서 풍족하고 여유로운 삶을 누렸다. 풍부한 장서와 연행 경험, 그리고 대를 이어온 청 문인들과의 교유는 『동국세시기』 편찬에 크게 기여하였다.

이 서문에서 주목할 부분은 '일통문자(一統文字)'라는 개념이다. 기존 번역본에서는 '통일성을 갖춘 글' 정도로 범범하게 해석되었으나, 이 개념은 『동국세시기』의 성격을 밝히는 데 중요한 역할을 한다.

이교영은『동국세시기』가 서울과 시골의 세시풍속을 모두 수록하고, 우리나라 세시풍속의 기원을 먼 옛날 중국의 세시풍속으로 소급하여 찾았다는 이유로 '일통문자'라고 하였다. 여기서 '일통문자'는 일통지(一統志)를 의미하는 것으로 보인다. 일통지는 지리지의 총서로서 각 지역의 연혁과 지리, 풍속과 인물을 수록한 책이다. 원, 명, 청 모두 각 왕조의 일통지를 편찬하였으며, 우리나라에도 수입되었다. 이교영이『동국세시기』를 일통지에 비유한 이유는 각 지역의 풍속을 종합하고 그 유래를 밝혔다는 점에서 유사하다고 보았기 때문인 듯하다. 아울러『동국세시기』가 우리나라 풍속에 관한 정보를 전달하는 데 그치지 않고, 고대 중국에서 기원한 풍속이 시대와 지역의 한계를 넘어 전승되는 양상을 보여주고 있다는 점을 강조한 것이다.

東國歲時記序

余嘗於元朝及上元, 各賦數十絶句, 略述土風. 見者以爲道得該備, 至或解頤. 擬更逐節有述, 要成一國歲時之故實, 而因循未遑者, 今已有年. 寔緣衰懶筆退, 不能如前者之有思輒書也. 一日, 陶厓洪友抽厓上一編書, 示之曰: "此所述東國歲時記也, 中州則自宗懍以來, 作此書者不爲不多, 而吾東則至今闕如, 故聊爾效嚬, 以誌土風之各異焉, 便一信書, 不可無弁首之文, 試爲我裁之也."

余乃受而卒業, 自元月訖臘月, 凡爲目者二十有三, 如事在某月而不可繫日者, 逐朔之末, 區別而揭之, 最下方附以閏朔之所需, 而近自京都, 遠曁窮陬, 苟有尋常一事之稱於當節者, 雖涉鄙俚, 無遺悉錄. 東俗之下, 必博采傳記中襯合者, 以證其所由出. 考据旣洽, 錯落俱載, 沿流而溯源, 由條而達本, 是不但爲描寫一國之俗, 尙並與中華之舊而觸類長之, 儼然爲**一統文字**, 富哉言乎! 其足徵於來後也必矣. 雖然, 此特全鼎之一臠, 烏足與論於嗜胾之眞味也?

嗚呼, 洪君之少日所期者, 自謂何如, 人亦孰不詡之以世掌絲綸之池上鳳毛也? 竟乃局於命途, 蘊而莫售, 彼金閨蘭臺之上, 高文大冊之煥黼黻而被管弦者, 付與他人, 棲遲末宦, 白首淪落, 惟以辭賦詩律, 自遣無聊, 以瀉其牢騷不平之鳴, 一何其舛也? 若此等所述, 亦從無聊中消遣者, 而盡一國之謠俗, 備每歲之文獻, 殆有勝於宗氏諸家之粗記一方見聞而止者多矣. 耽於玩賞, 留之屢日, 今不可以白還, 於是乎書此以復焉. 己酉重陽後四日, 穀瀼漫客李子有序.

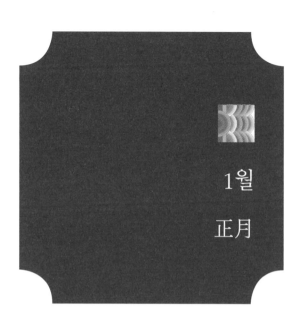

1월

正月

설날

의정부 대신이 백관을 거느리고 대궐에 가서 새해 문안을 드린다. 설날을 축하하는 내용으로 신하가 올리는 글인 전문(箋文)과 새해 선물용 옷감인 표리(表裏)를 받들고 정전(正殿) 뜰에서 조하(朝賀)를 드린다. 팔도의 관찰사, 병사, 수사, 수령은 전문과 방물(方物)을 바친다. 각 고을의 호장(戶長)도 모두 와서 반열에 참석한다. 동지에도 전문을 바치는 의식을 행한다.

서울 풍속에 설날 가묘(家廟)에 인사드리고 제사지내는 것을 차례(茶禮)라고 한다. 남녀 아이들은 모두 새 옷을 입는데 세장(歲粧: 설빔)이라고 한다. 친척 어른들을 찾아뵙는 것을 세배(歲拜)라고 한다. 제철 음식을 대접하는 것을 세찬(歲饌)이라 하고, 술을 세주(歲酒)라고 한다.

최식(崔寔, 103?~170?)의 『월령(月令)』을 보면, "설날에 조상에게 정갈한 제사를 지내고 초주(椒酒)와 백주(柏酒)를 마신다."[1] 하였다. 또 종름의 『형초세시기』를 보면, "설날 도소주(屠蘇酒)[2]와 교아당(膠牙餳: 맥아로 만든 엿)을 올린다." 하였으니, 이것이 세주와 세찬의 시초이다.

사돈지간의 부녀자들은 서로 곱게 단장한 어린 계집종을 보내 새해 안부를 묻는데, 이런 어린 종을 문안비(問安婢)라고 한다. 조선 영조 때의 참봉 이광려(李匡呂)의 시에 "어느 집 문안비가 문안하러 어느 집에 가는가?"라는 구절이 있다.

각 관사의 서리와 하예, 각 영문(營門)의 장교와 군졸은 종이를 접어 이름을 써서 관원 및 선배의 집에 단자(單子)를 바친다. 그 집에서는 문안에 옻칠한 소반을 놓고 받는데, 세함(歲銜)이라고 한다. 지방 관아에서도 그렇게 한다. 왕기(王錡, 1432~1499)의 『우포잡기(寓圃雜記)』를 보면, "도성의 풍속에 설날이면 주인은 모두 인사하러 나가고, 백지 명부와 붓, 벼루만 책상에 놓는다. 손님이 인사하러 오면 이름만 적으며, 맞이하거나 전송하는 일이 없다." 하였으니, 이것이 세함의 시초이다.

멥쌀가루를 쪄서 큰 판자 위에 놓고 자루가 달린 절굿공이(떡메)로 수없이 찧고 길게 늘여서 기다란 다리 모양의 떡을 만드는데, 흰떡이라고 한다. 동전처럼 잘게 썰어서 육수에 넣고 끓인다. 쇠고기, 꿩고기, 고춧가루를 넣어 맛을 내는데, 떡국[餠湯]이라고 한다. 이것으로 제사를 지내고 손님을 대접하니, 빠뜨릴 수 없는 세찬이다. 뜨거운 물에 넣고 끓이므로 옛날에 습면(濕麪)이라고 한 것이 이것인 듯하다. 시장에서도 제철 음식으로 판다. 속담에 나이 먹은 것을 두고 "떡국 몇 그릇 먹었다."라고 한다. 육방옹[陸放翁: 중국 남송의 시인 육유(陸游, 1125~1210)]의 「설날의 일을 쓰다[歲首書事]」 시 주석에 "시골 풍속에 세시에는 반드시 탕병(湯餅)을 쓰는데, 이를 두고 동혼돈(冬餛飩), 연박탁(年餺飥)이라고 한다." 하였으니, 오래된 풍속이다.

시루에 멥쌀가루를 까는데, 삶은 팥을 사이에 깐다. 멥쌀가루 두께는 시루 크기에 따라 정한다. 간혹 찹쌀가루를 사이에 깔고 찌기도 하는데, 시루떡[甑餅]이라고 한다. 이것으로 세시에 귀신에게 빌고, 또 초하루와 보름, 수시로 귀신에게 빌 때도 이렇게 한다.

승정원에서는 시종신과 당하관 문신을 미리 선발하여 연상시(延祥詩)를 지어 올리게 하는데, 관각(館閣) 제학(提學)에게 운을 내도록 하여 오언·칠언 율시, 절구를 짓는다. 등급을 매겨 합격한 것은 궐내 각 전(殿) 기둥이나 문미(門楣: 문 위에 가로로 댄 나무)에 붙인다. 입춘일의 춘첩자(春帖子), 단옷날의 단오첩도 모두 이 규례대로 한다. 『온공일록(溫公日錄)』을 보면 "한림원 서대조(書待詔)가 춘사(春詞)를 요청하여 입춘일에 궐문 휘장에 잘라서 붙인다." 하였다. 또 여원명[呂原明: 여희철(呂希哲, 1036~1114)]의 『세시잡기(歲時雜記)』에 "학사원에서 단옷날 한 달 전에 합문(閤門)의 첩자를 지어두었다가 때맞춰 올린다." 하였으니 오래된 규례이다.

도화서에서는 수성선녀도(壽星仙女圖)와 직일신장도(直日神將圖)를 그려 관청에 바치고 서로 주기도 하는데 세화(歲畵)라고 한다. 송축하는 뜻을 담는다. 또 금갑옷을 입은 두 장군을 그리는데, 길이는 한 길 남짓이다. 한 사람은 도끼를 들고 한 사람은 부절을 들었다. 궐문 양쪽에 거는데 문배(門排)라고 한다. 또 강사포(絳紗袍)를 입고 오사모(烏紗帽)를 쓴 사람 그림을 중합문(重閤門)에 붙인다. 또 중국 전설에서 악귀를 쫓는 신 종규(鍾馗)가 귀신 잡는 그림을 그려 문에 붙이거나 귀신 머리를 그려 문미에 붙여 전염병을 물리친다. 종친과 외척의 집 문에도 모두 거는데, 민간에서도 많이들 따라한다. 세속에서는 금갑옷 입은 장군을 사천왕이라고 한다. 어떤 이는 당나라 명장(名將)이자 개국공신들인 울지공(尉遲恭, 585~658)과 진숙보[秦叔寶: 진경(秦瓊, ?~638)]라고 하며, 강사포를 입은 사람은 위정공[魏鄭公: 위징(魏徵, 580~643)][3]이라고 한다. 송민구(宋敏求, 1019~1079)의 『춘명퇴조록(春明退朝錄)』을 보면 「도가주장도(道家奏章圖)」에 하늘 문을 지키는 금갑옷 입은 사람이 있는데, 갈장군(葛將軍)

대진(戴進, 1388~1462), 〈종규야유도(鍾馗夜游圖)〉, 북경고궁박물원 소장.
종규는 악귀를 잡아먹는 신이다. 귀신을 쫓는다는 믿음으로 종규의 그림을 문에 붙였다.

은 깃발을 들고 주장군(周將軍)은 부절을 들었다." 하였다. 지금의 문배는 갈장군과 주장군인 듯하다. 그런데 세속에서는 전기소설(傳奇小說)에 등장하는 당 문황(唐文皇: 당 태종) 때의 일이라고 견강부회한다.

서울과 지방의 조정 관원인 조관(朝官)과 그들의 아내인 명부(命婦)로서 나이가 일흔이 넘은 사람에게는 정초에 쌀과 생선, 소금을 하사하는 관례가 있다. 조관으로 나이가 여든이 되거나 서인으로 나이가 아흔이 되면 각각 한 자급을 더한다. 나이 백 살이면 특별히 한 품계를 올린다.

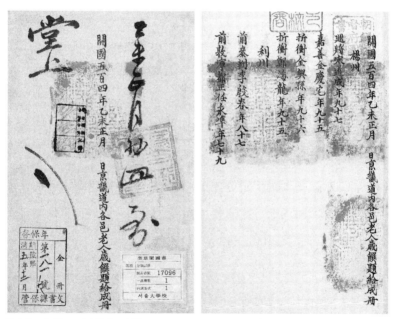

『경기도내각읍노인세찬제급성책(京畿道內各邑老人歲饌題給成冊)』, 서울대학교 규장각한국학연구원 소장.
1895년(고종32) 1월 경기도 내 각 고을에서 세찬을 지급받은 노인들의 명단이다.

정초가 되면 자급을 받아야 하는 노인에게 자급을 주도록 정사[4]에 올리고, 임금에게 여쭈어 승인을 받는다. 모두 노인을 우대하고 나이를 존숭하는 성대한 은전이다.

민간에서는 벽에 닭과 범 그림을 붙여 액운을 없앤다. 동훈(董勛)의 「문예속(問禮俗)」을 보면 "정월 1일을 닭의 날이라고 한다."[5] 하였고, 또 『형초세시기』를 보면 "정월 1일에 닭을 그려 문에 붙인다." 하였으니, 지금 풍속은 여기서 비롯된 것이다. 범을 그리는 것은 인월(寅月)[6]의 뜻을 취한 듯하다.

나이가 삼재(三災)에 든 남녀는 매 세 마리를 그려 문미에 붙인다. 삼재는 사(巳), 유(酉), 축(丑) 해에 태어난 사람은 해(亥), 자(子), 축(丑) 해에 해당하고, 신(申), 자(子), 진(辰) 해에 태어난 사람은 인(寅), 묘(卯), 진(辰) 해에 해당하고, 해(亥), 묘(卯), 미(未) 해에 태어난 사람은 사(巳), 오(午) 미(未) 해에 해당하고, 인(寅), 오(午), 술(戌) 해에 태어난 사람은 신(申), 유(酉), 술(戌) 해에 해당한다. 세속에서는 점술을 믿고서 이를 통해 액운을 없앤다. 태어난 해부터 9년마다 삼재가 드는데, 이 세 해에는 남과 관여하지 않고 조심하고 꺼리는 일이 많다.

잘 아는 젊은이를 만나면 "과거 급제해라", "벼슬해라", "아들 낳아라", "재물 얻어라" 따위의 말로 덕담을 하며 축하한다.

새벽에 거리에 나가서 방향에 관계없이 처음 듣는 소리로 한 해의 길흉을 점치는데, 청참(聽讖)이라고 한다. 연경의 풍속을 보면 섣달그믐에 조왕신 앞에서 기도하여 방향을 알려달라고 한 다음 거울을 가지고 문밖으로 나가 저잣거리의 말소리를 듣고서 내년의 길흉을 점치는데, 우리나라 풍속도 그렇다.

오행점(五行占)을 쳐서 새해의 신수를 점친다. 오행에 각기 점사(占辭)가 있는데, 나무에 장기알처럼 금(金), 목(木), 수(水), 화(火), 토(土)를 새겨 일시에 던지고, 바로 놓였는지 뒤집혔는지 보고서 점괘를 얻는다.

남녀가 일 년 동안 머리를 빗으면서 떨어진 머리카락을 빗접에 모아두었다가 반드시 설날 저녁이 되기를 기다려 문밖에서 불태워 전염병을 없앤다. 손사막(孫思邈, 581~682)의 『천금방(千金方)』을 보면 "정월 인일(寅日)에 백발을 태우면 길하다." [7] 하였는데, 설날에 머리카락을 태우는 것은 여기서 비롯되었다.

속설에 야광(夜光)이라는 귀신이 이날 밤 인가에 내려와 아이들의 신발을 다 신어보고 발이 맞으면 신고 가버리는데, 그 신발 주인은 불길하다고 한다. 그러므로 아이들이 두려워하여 모두 신발을 숨기고 불을 끄고서 잔다. 마루 벽이나 뜰에 체를 걸어놓기도 한다. 야광 귀신이 체에 구멍이 몇 개나 있는지 계속해서 세어보느라 신발 신는 것도 잊고 있다가 닭이 울면 떠난다고 해서이다. 야광은 어떤 귀신인지 모르겠는데,

약왕(藥王)[8]의 음이 바뀐 것 아닌가 한다. 약왕은 모습이 추하여 아이들이 겁낼 만하다.

승려들이 북을 메고 거리에 들어와 두드리고 다니는 것을 법고(法鼓)라고 한다. 간혹 시주를 청하는 글인 모연문(募緣文)을 펴놓고 바라를 치며 염불하면 사람들이 너도나도 돈을 던진다. 또 승려의 떡 하나를

김홍도, 「단원풍속도첩」 중 〈시주〉, 국립중앙박물관 소장.
승려들이 목탁과 악기를 두드리며 시주를 청하는 모습이다. 앞에 놓인 것은
부적과 엽전으로 보인다.

세속의 떡 두 개와 바꾸는데, 세속에서는 승려의 떡을 어린아이에게 먹이면 마마를 잘 넘긴다고 여긴다. 조정에서는 승려가 도성문을 들어오지 못하도록 금지하였으므로 성 밖에 이러한 풍속이 있다. 사찰의 상좌(上佐)들이 오부(五部)[9]에서 재미(齋米)를 구걸하는데, 새벽부터 전대를 매고 집집마다 다니며 소리를 내면 민가에서는 각기 쌀을 내어준다. 새해에 복을 맞이하는 뜻이다.

경주 풍속에 이날 서로 경축하며 일월신(日月神)에게 절한다.【『동국여지승람(東國輿地勝覽)』에 보인다.】

제주 풍속에 산, 숲, 시내, 못, 언덕, 들판, 나무, 돌에 모두 사당을 세워놓고 설날부터 대보름까지 무당이 깃발을 세워놓고 귀신 쫓는 의식인 나희(儺戲)를 벌인다. 징과 북을 앞세우고 마을을 드나들면 백성이 너도나도 재물을 내어 신에게 비는데, 화반(花盤)이라고 한다.【『동국여지승람』에 보인다.】

✲

정월 풍속은 『동국세시기』 분량의 절반을 차지한다. 이 점은 「도하세시기속시」에서도 나타나는 현상이다. 「도하세시기속시」 126수 가운데 정월 풍속에 해당하는 것이 61수이다. 『동국세시기』가 「도하세시기속시」의 주석에 해당한다는 또 하나의 증거이다.

『동국세시기』에 기록된 설날 풍속은 대부분 고려시대부터 전해온 것이며, 지금까지도 크게 변하지 않았다. 한 해의 시작이라는 의미는 예나 지금이나 변함이 없기 때문이다.

신료들이 군주에게 올리는 새해 인사인 조하(朝賀)는 기원전 200년 한(漢)나라에서 처음 시행되었다. 숙손통(叔孫通)이 정비한 조정 의례에 따른 것이었다.[10] 우리나라의 경우 651년 신라에서 처음 시행되었다.[11]

설날의 제사와 진하(進賀)는 『경국대전』에 명시된 의례이다. 종묘(宗廟)의 정조제(正朝祭)와 함께 중국 황제에게 절하는 의식인 망궐례(望闕禮)도 거행한다. 전국 각지의 원릉(園陵)에서는 담당 관원 및 파견된 제관이 제사를 지낸다. 이 제도는 조선 후기까지 계속 시행되었으나, 조정 관원의 조하는 조선 후기에 들어 단자를 올려 서면으로 대신하는 방식으로 관례화되었다.

『경국대전』에 따르면 설날, 동지, 그리고 국왕의 탄신일마다 지방에 근무하는 관찰사, 유수, 주요 군현의 수령은 전문과 표리를 올리는 것이 규례이다. 아울러 향리(鄕吏)의 우두머리인 호장을 대궐로 보내 새해 인사를 드리게 한다. 이를 정조호장(正朝戶長)이라고 한다. 비용이 상당하여 폐지하자는 논의가 있었으나 고려시대부터 계속된 관례라는 이유로 폐지하지 않았다. 이들이 설날에 대궐 밖에 모여 대기하면, 국왕이 종묘에 행차하고 돌아오는 길에 이들을 만나보았다. 호방승지(戶房承旨)를 보내기도 하였다.

세배라는 용어는 조선 초기에 성현(成俔)이 지은 『용재총화(慵齋叢話)』에도 보이므로 조선 초기부터 있었던 것이 분명하다. 세찬은 세의(歲儀)

〈진하도(陳賀圖)〉, 국립중앙박물관 소장.
'진하'는 설날, 동지, 임금의 생일 및 나라에 경사가 있을 때 관원들이 모여 임금에게 축하를 올리는 행사이다. 설날 진하는 기원전 200년 한나라 이래 역대 왕조에서 시행하였다. 우리나라 역시 신라시대 이래의 오랜 행사였다.

라고도 하는데, 조정에서 연로한 관원에게 지급하였다. 『용재총화』에는 보이지 않는데, 조정에서 공식적으로 지급하는 것은 조선 중기 무렵에 규례로 자리 잡은 듯하다. 민간에서는 그 이전부터 주고받은 것으로 보인다.

문안비 역시『용재총화』에는 보이지 않으나, 조선 초기 실록에 문안비가 함부로 대궐을 드나든다는 언급이 실려 있는 것으로 보아, 이 역시 조선 초기부터 있던 풍속임에 분명하다. 이광려의 시에서 언급한 바와 같이, 설날이면 곱게 단장한 여종이 거리를 오가는 모습은 조선 후기까지 흔한 풍경이었다.

참고로 세뱃돈에 대한 언급은 조선 말기의「해동죽지(海東竹枝)」를 제외한 여타 세시기 및 세시기속시에는 보이지 않는다. 조선시대의 도덕 관념상 친지에게 세배를 하고 돈을 받는다는 것은 수긍하기 어렵다. 어디까지나 추측이지만, 문안비에게 주는 수고비에서 유래한 것이 아닌가 한다.

홍석모는 세함의 기원을 왕기의『우포잡기』에 기록된 명대의 세함 풍속에서 찾았으나, 왕기와 동시대 사람인 성현의『용재총화』에도 보인다. 고려 말 문인 이색(李穡, 1328~1396)의 시에도 설날 직후 권문세가에 명함을 주고 왔다는 내용이 더러 보인다. 기실 세함은 송대(宋代)의『청파잡지(清波雜志)』등에 보이는 오랜 풍속으로, 명대에 전래되었다고 보기는 어렵다.

떡국의 기원은 논란이 많은 문제이다. 중국 문헌에 탕병이라는 음식이 등장하기는 하지만, 이것은 국수 또는 수제비에 가까운 것으로, 우리의 떡국과는 다른 음식이다. 더구나 설날 음식이라기보다는 동지 음식으로 알려져 있다. 그렇지만 홍석모는 떡국이 여기서 유래하였다고 보았다. 떡국을 먹으면 한 살 더 먹는다는 말은 여러 세시기와 세시기속시에 보이는데,『승정원일기』에는 "팥죽을 먹으면 한 살을 먹는다."[12]

라는 속담이 실려 있고, 신후담의 「세시기」에 따르면 경주에서는 설날 아침에 강정을 먹으면 한 살 더 먹은 것으로 간주한다고 하였다.

연상시는 조선 초기 실록에 보인다. 국왕의 교서를 제작하는 관원인 지제교(知製敎) 여러 명에게 짓게 하고 그중 가장 뛰어난 작품을 선발하였다. 성종조에 이로 인해 직무를 방기하게 된다는 지적이 있었으나 성종은 오래된 풍속이라는 이유로 받아들이지 않았다.[13]

세화는 고려시대부터 전해오는 풍속이며, 조선 초기 문헌에도 자주 보인다. 이색은 십장생(十長生) 세화를 얻고 시를 지었으며,[14] 성현(成俔)은 십장생 외에도 매가 토끼를 잡는 그림, 진(晉)나라 사안(謝安)이 동산(東山)에서 기녀와 함께 있는 그림, 채녀도(綵女圖) 등의 세화를 보았다는 기록을 남겼다.[15] 『중종실록』의 주석에 "세화는 화사(畫師)

김홍도, 〈동산아금(東山雅襟)〉, 국립중앙박물관 소장.
진나라 사안이 혼란한 조정을 피해 관직에서 물러나 동산(현 절강성 소흥시 소재)에서 기녀들과 노니는 모습을 그린 그림이다.

를 시켜 미리 화훼, 인물, 누각을 그리게 하고 그림을 아는 재상에게 그 우열을 나누어 기록하게 한다. 그 그림은 골라서 대내에서 사용하고 나머지는 재상과 근신에게 하사한다." 하였다.[16] 이처럼 세화는 본디 궁중 풍속이었으나 민간으로 파생되었다. 『용재총화』에 따르면 설날 새벽이면 민가에서 문과 창에 처용(處容), 각귀(角鬼), 종규, 두건을 쓴 관원, 갑주를 입은 장군, 보물을 들고 있는 부인, 닭, 범 따위의 그림을 붙인다고 하였다. 세화의 또 다른 이름이 문배라는 사실은 강박의 「원조기속」에도 보인다.

조수삼의 「세시기」에 따르면 세화에 그려진 두 장군은 진경과 울지공이며, 문 안에 붙이는 세화에 그려진 두 문관은 위징과 당나라 정치가 저수량(褚遂良)이라고 한다. 이러한 설은 널리 퍼져 있었던 듯한데, 유득공이 『경도잡지』에서 도교의 신 갈장군과 주장군이라고 변증하였다. 『동국세시기』는 『경도잡지』를 그대로 인용하였다.

삼재가 든 해를 맞이한 사람은 세 마리의 매 그림을 문미에 붙인다고 하였는데, 이 풍속은 『오주연문장전산고(五洲衍文長箋散稿)』에 보인다. 『오주연문장전산고』에 따르면 설날이 아니라도 삼재가 든 해에는 이렇게 한다고 하였는데, 오래된 풍속은 아닌 듯하다.

청참이라고 소개한 풍속은 이미 당대(唐代)부터 존재하였다. 경청(鏡聽)이라고도 한다. 홍석모는 연경에서 이 풍속을 목도하고서 우리나라에도 이와 같은 풍속이 있다고 한 것으로 보인다. 풍속의 전래 여부를 단정하지 않고 동일한 풍속이 있다는 사실을 언급한 점으로 미루어, 보편적인 풍속으로 간주한 것으로 보인다.

머리카락 태우는 풍속과 신발을 숨기고 체를 걸어놓는 풍속은 조수삼의 「세시기」에도 보인다. 조수삼은 머리카락을 태우는 이유는 쇠고기의 독성을 없애기 위해서이며 신발을 숨기는 이유는 밤비가 내릴까 걱정해서라고 하였는데, 근거를 찾기 어렵다. 이 밖에 승려들이 설날부터 사흘 동안 거리를 돌며 쌀을 구걸하는 풍속 등은 강박의 「원조기속」 및 강필신의 「원조기속」에도 보인다.

元日

議政大臣率百官詣闕, 新歲問安, 奉箋文、表裏, 朝賀於正殿之庭. 八道方伯、閫帥、州牧進箋文、方物, 州府郡縣戶長吏亦咸來參班, 冬至又行進箋之儀.

京都俗, 歲謁家廟行祭, 曰茶禮. 男女年少卑幼者, 皆着新衣, 曰歲粧. 訪族戚長老, 曰歲拜. 饋以時食, 曰歲饌, 酒曰歲酒. 按崔寔月令, 正日潔祀祖禰, 飮椒柏酒. 又按宗懍荊楚歲時記, 元日進屠蘇酒、膠牙餳, 此卽歲酒、歲饌之始. 姻親家婦女, 相送靚粧少婢, 問新年平安, 曰問安婢. 李參奉匡呂有詩曰: "誰家問安婢, 問安入誰家?" 各司胥吏隷、各營校卒, 摺紙列名, 來呈單子於官員及先生家, 門內置槃盤受之, 曰歲銜, 外道衙門亦然. 按王錡寓圃雜記, 京師風俗, 每正朝, 主人皆出賀, 惟置白紙簿並筆硯於几, 賀客至, 書其名, 無迎送也, 此卽歲銜之始.

蒸粳米粉, 置大板上, 以木杵有柄者, 無數擣打, 引作長股餅, 名曰白餅. 因細切薄如錢, 和醬水湯熟, 調牛雉肉番椒屑, 名曰餅湯, 以供祀接客爲歲饌之不可闕者. 入湯烹之, 故古稱濕麪者, 似是物也. 市肆以時食賣之, 諺稱添齒者, 謂吃餅湯第幾椀. 按陸放翁歲首書事詩註, 鄉俗歲日必用湯餅, 謂之冬餛飩、年餺飥, 蓋古俗也.

鋪粳米粉於甑中, 以熟赤豆隔鋪之, 隔粉多積, 視甑大小, 或用糯米粉隔甑之, 名曰甑餅, 以歲時禱神, 又於朔望及無時禱神亦如之.

承政院預選侍從、堂下文臣, 製進延祥詩, 命館閣提學出韻, 五、七言律、絶, 考第入格者, 題貼于闕內各殿柱楹門楣. 立春日春帖子、端午帖子, 俱用是例. 按溫公日錄, 翰林書待詔請春詞, 以立春日剪貼於禁中門帳. 又按呂原明歲時雜記, 學士院, 端午前一月, 撰閣門帖子, 及期進入, 蓋古規也.

圖畫署畫壽星仙女、直日神將圖, 獻于公, 亦相贈遺, 名曰歲畫, 以寓頌祝之意. 又畫進金甲二將軍像, 長丈餘, 一持斧, 一持節, 揭于闕門兩扇, 名曰門排. 又以絳袍、烏帽像揭重閤門, 又畫鍾馗捕鬼貼戶, 畫鬼頭貼楣, 以辟邪瘟. 諸宮家戚里門扇, 亦皆揭之, 閭巷又多效之. 俗以金甲者, 謂四天王神像, 或以爲尉遲恭、秦叔寶, 絳袍者爲魏鄭公. 按宋敏求春明退朝錄, 道家奏章圖, 天門守衛金甲人, 葛將軍掌旄, 周將軍掌節, 今之門排似是葛、周二將軍, 而世俗乃以傳奇中唐文皇時事傅會之爾.

京外朝官、命婦年七十以上, 歲首賜米魚鹽以爲例. 朝官年八十, 士庶年九十, 各加一資. 年百歲, 特超一品階. 每歲首, 以應資老人授資入政, 稟下批, 皆優老尊年之盛典也.

閭巷壁上, 貼鷄虎畫以禳之. 按董勛問禮俗, 一日爲鷄. 又按荊楚歲時記, 正月一日, 畫雞帖戶, 今俗昉此. 畫虎似取寅月之義也.

男女年值三灾者, 畫三鷹, 貼于門楣. 三灾法, 巳酉丑生亥子丑年, 申子辰生寅卯辰年, 亥卯未生巳午未年, 寅午戌生申酉戌年, 俗信卜說, 用此以禳之. 生年隔九而入三灾, 三年之內, 不干人物, 多愼忌之事.

逢親舊年少, 以登科進官生男獲財等語, 爲德談以相賀.

曉頭出街巷間, 無定向, 以初聞之聲, 卜一年休咎, 謂之聽讖. 按燕京俗, 除夕禱竈前, 請方向, 抱鏡出門, 聽市語, 以卜來年休咎, 東俗亦然.

擲五行占, 以卜新年身數. 五行各有占辭, 木刻金木水火土如碁子, 一時擲之, 觀其俯仰而得占.

男女一年梳頭, 貯退髮, 留梳函中, 必待元日黃昏, 燒於門外以辟瘟. 按孫思邈千金方, 正月寅日, 燒白髮吉. 元日燒髮, 昉於是.

俗說鬼名夜光, 是夜降于人家, 徧穿兒鞋, 足樣合則輒穿去, 鞋主不吉. 故群兒畏之, 皆藏鞋滅燈而宿. 懸篩於廳壁或階庭間, 謂以夜光神數篩孔不盡, 仍忘穿鞋, 鷄鳴乃去. 夜光未知何鬼, 而或藥王之音轉也. 藥王像醜, 可令怖兒耳.

僧徒負鼓入街市搖動, 謂之法鼓. 或展募緣文, 叩鈸念佛, 人爭擲錢. 又用一餅換俗二餅, 俗得僧餅, 飼小兒, 以爲善痘. 朝禁僧尼不得入都門, 故城外有此風. 諸寺上佐乞齋米於五部內, 自曉荷岱巡行, 沿門唱聲, 人家各出米給之, 蓋新年徼福之意也.

慶州俗, 是日相慶, 拜日月神.【見輿地勝覽】

濟州俗, 凡於山藪川池邱陵墳衍木石, 俱設神祀, 每自元日至上元, 巫覡擎神纛, 作儺戱. 錚鼓前導, 出入閭里, 民人爭捐財錢, 以賽神, 名曰花盤.【見輿地勝覽】

입춘

임금이 거처하는 대내(大內)[17]에 춘첩자를 붙인다. 벼슬아치와 서민의 집, 시장 가게에도 모두 춘련(春聯)이라 일컫는 글을 기둥과 벽 등에 붙이고 비는데, 춘축(春祝)이라고 한다. 『형초세시기』를 보면 "입춘일에 '의춘(宜春)'이라는 글자를 문에 붙인다." 하였다. 지금의 춘련은 여기서 비롯된 것이다.

관상감(觀象監)[18]에서 주사(朱砂: 붉은 안료)로 벽사문(辟邪文)을 찍어 대내에 바치면 문미에 붙인다. 그 글은 다음과 같다.

갑작(甲作)은 흉(殉)을 잡아먹고, 필위(肺胃)는 호(虎)를 잡아먹고, 웅백(雄伯)은 매(魅)를 잡아먹고, 등간(騰簡)은 불상(不祥)을 잡아먹고, 남저(攬諸)는 구(咎)를 잡아먹고, 백기(伯奇)는 몽(夢)을 잡아먹고, 강량(强梁)과 조명

(祖明)은 함께 책사(磔死)와 기생(寄生)을 잡아먹고, 위수(委隨)는 관(觀)을 잡아먹고, 착단(錯斷)은 거(巨)를 잡아먹고, 궁기(窮奇)와 등근(騰根)은 함께 충(蟲)을 잡아먹는다. 이 열두 신을 시켜 흉악한 자들을 쫓아 너희들의 몸을 불태우고 너희들의 뼈마디를 부러뜨리고 너희들의 살을 찢고 너희들의 내장을 뽑으리라. 너희들이 급히 떠나지 않으면 뒤에 남는 자가 양식이 될 것이다. 명령대로 속히 시행하라.[19]

이 글은 『후한서(後漢書)』 「예의지(禮儀志)」에 실려 있는데, 납일(臘日) 하루 전 대나(大儺)에서 역귀를 쫓는 진자(侲子: 초라니)가 화답하는 가사이다.[20] 지금은 입춘일 부적으로 만들고 단옷날에도 붙인다.

정조는 『은중경(恩重經)』의 진언(眞言: 범어)을 인쇄하고 배포하여 문미에 붙여 액운을 없애게 하였는데, 그 글은 다음과 같다. "나무 사만다 못다남 옴 아아나 사바하(曩謨三滿多 沒馱喃 唵 誐誐曩 娑嚩訶)" 단옷날 부적으로 쓰기도 한다. 문첩(門帖)에 '신도(神荼) 울루(鬱壘)'[21] 네 글자를 쓴다. 옛 풍속에 설날이면 복숭아나무로 만든 판자에 신도와 울루의 모습을 그려 문에 놓아 흉한 귀신을 막았다. 그 제도는 황제(黃帝)[22]로부터 시작되었는데, 지금은 춘첩자에 사용한다. 또 다음과 같은 대구가 있다.

문신호령 가금불상(門神戶靈呵噤不祥):
대문과 방문의 신령이 불길한 것을 물리친다

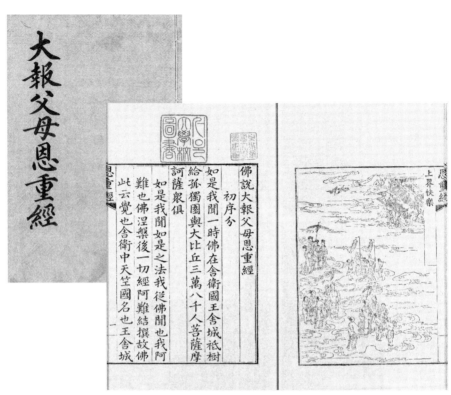

『불설대보부모은중경(佛說大報父母恩重經)』, 서울대학교 규장각한국학연구원 소장.
1796년(정조20) 화성(華城) 용주사(龍珠寺)에서 간행하였다. 용주사는 사도세자의 원찰(願刹)이다.

국태민안 가급인족(國泰民安家給人足):

나라는 태평하고 백성은 평안하며 집안은 넉넉하고 사람은 풍족하다

우순풍조 시화세풍(雨順風調時和歲豊):

비바람이 순조로워 계절이 온화하고 풍년이 든다

민가의 기둥과 문미에는 보통 대련(對聯)을 쓴다.

수여산 부여해(壽如山富如海):

산처럼 장수하고 바다처럼 부유하다

거천재 내백복(去千災來百福):

모든 재앙 물러가고 온갖 복이 찾아온다

입춘대길 건양다경(立春大吉 建陽多慶)[23]:

입춘 춘첩자. 춘련이라고도 한다. 회제고택 제공.
'입춘대길 건양다경(立春大吉 建陽多慶)'은 춘첩자에 가장 흔히 쓰이는 문구이다.

입춘이니 대단히 길하고 봄이 오니 경사가 많다

요지일월 순지건곤(堯之日月 舜之乾坤):

요임금의 세월, 순임금의 세상

애군희도태 우국원년풍(愛君希道泰 憂國願年豐):

임금 사랑하여 도가 태평하길 바라고 나라 걱정하여 농사가 풍년 들기 원
한다

부모천년수 자손만대영(父母千年壽 子孫萬代榮):

부모는 천년 동안 장수하고 자손은 만대에 걸쳐 영화롭다

천하태평춘 사방무일사(天下太平春 四方無一事):

천하는 태평한 봄날이요, 사방에 아무런 일도 없다

국유풍운경 가무계옥수(國有風雲慶 家無桂玉愁):

나라에는 좋은 때 만나는 경사가 있고 집에는 먹고살 걱정이 없다

재종춘설소 복축하운흥(災從春雪消 福逐夏雲興):

재앙은 봄눈 따라 녹고 복은 여름 구름처럼 일어난다

북당훤초록 남극수성명(北堂萱草綠 南極壽星明):

북당의 훤초는 푸르고 남극성은 밝다

천상삼양근 인간오복래(天上三陽近 人間五福來):

하늘은 봄날에 가깝고 인간 세상에는 오복이 온다

계명신세덕 견폐구년재(鷄鳴新歲德 犬吠舊年災):

닭이 울어 새해의 덕을 알리고 개가 짖어 작년의 재앙을 쫓는다

소지황금출 개문백복래(掃地黃金出 開門百福來):

땅을 쓸면 황금이 나오고 문을 열면 온갖 복이 온다

봉명남산월 인유북악풍(鳳鳴南山月 麟遊北岳風):

봉황은 남산의 달을 보며 울고 기린은 북악의 바람을 맞으며 노닌다

문영춘하추동복 호납동서남북재(門迎春夏秋冬福 戶納東西南北財):

대문으로 춘하추동 복을 맞이하고 방문으로 동서남북 재물을 들인다

육오배헌남산수 구룡재수사해진(六鰲拜獻南山壽 九龍載輸四海珍):

여섯 마리의 자라가 절하며 남산 같은 장수를 바치고 아홉 마리 용은 사
해의 보배를 실어 온다

천증세월인증수 춘만건곤복만가(天增歲月人增壽 春滿乾坤福滿家):

하늘은 세월을 더하고 사람은 수명을 더하며, 봄은 천지에 가득하고 복은 집에 가득하다

방의 문미에는 한 장을 붙인다.

춘도문전증부귀(春到門前增富貴):
봄이 문 앞에 오니 부귀가 더한다

춘광선도길인가(春光先到吉人家):
봄빛이 길한 사람 집에 먼저 온다

상유호조상화명(上有好鳥相和鳴)[24]:
위에서 고운 새가 서로 어울려 운다

일춘화기만문미(一春和氣滿門楣):
봄날의 온화한 기운이 문미에 가득하다

일진고명만제도(一振高名滿帝都)[25]:
황제의 도성 가득 한 번 높은 명성 떨치네

사대부들은 춘첩자의 글을 새로 짓는 경우가 많고, 간혹 옛사람의 좋은 어구를 따서 쓰기도 한다.

경기 산간의 여섯 고을[26]에서는 움파, 산갓, 승검초를 진상한다. 산갓은 초봄에 눈이 녹을 때 산속에서 저절로 나는 갓이다. 뜨거운 물에 데쳐 초장에 버무려 먹는다. 맛이 몹시 매우므로 고기를 먹은 뒤에 먹기 좋다. 승검초는 움집에서 기른 당귀의 싹이다. 은비녀처럼 깨끗한데 꿀을 싸서 먹으면 맛이 몹시 좋다. 『척유(摭遺)』를 보면 "동진(東晉)의 이악(李鄂)이 입춘일에 무와 미나리 싹으로 채반(菜盤)을 만들게 하여 서로 주고받았다." 하였고, 또 『척언(摭言)』을 보면 "안정군왕(安定郡王)이 입춘일에 오신반(五辛盤)을 만들었다." 하였다. 또 두보(杜甫)의 시를 보면 "봄날 봄채반에 가느다란 생채[春日春盤細生菜]"[27]라고 하였고, 동파[東坡: 소식(蘇軾)의 호]의 시를 보면 "파란 쑥과 누런 부추로 봄채반을 차리네.[青蒿黃韭試春盤]"[28] 하였으니, 예로부터 전해오는 풍속이다.

함경도 풍속에 이날 나무로 소를 만들어 관청에서 민가에 이르기까지 길을 두루 다닌다. 흙으로 소를 만들어 내놓는 제도를 본뜬 것으로, 농사를 장려하고 풍년을 기원하는 뜻이다.

✿

입춘일 부적의 내용으로 소개한 글은 『후한서』 「예의지」에 실려 있는 나례(儺禮)의 가사(歌辭)이다. 『용재총화』에 따르면 조선에서도 섣달그믐 하루 전에 창덕궁에서 나례를 거행할 때 이 가사를 사용했다고 한다. 이 가사는 언제부터인가 입춘일과 단옷날의 부적으로 사용된 듯하다.

1796년(정조20) 4월 26일, 정조는 서운관에서 배포하는 섣달그믐과 단
옷날의 부적 내용보다 『은중경』의 게송(偈頌)이 마음에 든다며, 서운관
에 명하여 이 게송을 간행하게 하고, 기존의 부적 대신 이 게송을 붙이
라고 하였다.[29]

입춘에 문미에 붙이는 글은 춘첩자라고 하는데, 춘첩자의 제작은 조
선시대 전 시기에 걸쳐 일상적인 행사였다. 조선 후기 문인 야곡(冶谷)
조극선(趙克善)은 입춘이면 대궐에서 민가에 이르기까지 춘첩자를 붙여
복을 기원하는데, 신하로서 임금의 복을 빈다면 괜찮지만 자신의 복을
비는 것은 허망한 짓이라고 비판하였다.[30]

채반은 다섯 종의 채소로 만든 입춘일의 명절 음식이다. 홍석모가 입
춘에 지은 시에도 빠짐없이 등장한다. 신후담의 「세시기」에 따르면 입
춘이면 새로 난 채소로 국과 절임을 만드는데, 이를 춘미(春味)라 한다
고 하였다.

함경도 풍속으로 소개한 내용은 이학규의 『낙하생집(洛下生集)』에 보
이는 김해의 풍속과 유사하다. 김해에서는 입춘이 다가오면 나무로 소
를 만든다. 그 앞에서 풍악을 연주하며 동쪽 성문 밖으로 가지고 나가
농사의 신에게 제사를 지낸 뒤 농사짓는 모습을 흉내 낸다고 하였다.
이학규는 이것이 『동경몽화록(東京夢華錄)』과 『제경경물략(帝京景物略)』에
기록된 비슷한 풍속에서 유래한 것이라 하였다.[31] 농경사회의 보편적인
풍속으로 보는 것이 온당하다.

立春

大內貼春帖子, 卿士庶民家及市廛皆貼春聯頌禱, 名曰春祝. 按荊楚歲時記, 立春日貼宜春字于門, 今之春聯昉此. 觀象監朱砂搨辟邪文, 進于大內, 貼門楣. 其文曰: "甲作食(歹+匈), 胇胃食虎, 雄伯食魅, 騰間食不祥, 攬諸食咎, 伯寄食夢, 强梁, 祖[32]明共食磔[33]死寄生, 委隨食觀, 錯斷食巨, 窮奇, 騰根共食蠱, 凡使十二神追惡凶, 嚇汝軀, 拉汝幹節, 解汝肌肉, 抽汝肺腸, 汝不急去, 後者爲糧, 急急如律令." 此卽續漢書禮樂志, 先臘一日大儺逐疫侲子所和之詞, 而今作立春符, 端午日亦貼之.

健陵印頒恩重經眞言, 貼楣禳之, 其文曰: "曩謨三滿多, 沒馱喃, 唵, 誐誐曩, 娑嚩訶." 亦作端午符. 門帖有神荼[34]鬱壘四字. 古俗元日桃符, 畫神荼, 鬱壘像, 置之門戶, 以禦凶鬼. 其制自黃帝始, 今用於春帖, 又有"門神戶靈, 呵噤不祥", "國泰民安, 家給人足", "雨順風調, 時和歲豐"等對語.

閭巷柱楣通用對聯: "壽如山, 富如海", "去千災, 來百福", "立春大吉, 建陽多慶", "堯之日月, 舜之乾坤", "愛君希道泰, 憂國願年豐", "父母千年壽, 子孫萬代榮", "天下太平春, 四方無一事", "國有風雲慶, 家無桂玉愁", "災從春雪消, 福逐夏雲興", "北堂萱草綠, 南極壽星明", "天上三陽近, 人間五福來", "鷄鳴新歲德, 犬吠舊年災", "掃地黃金出, 開門百福來", "鳳鳴南山月, 麟遊北岳風", "門迎春夏秋冬福, 戶納東西南北財", "六鰲拜獻南山壽, 九龍載輪四海珍", "天增歲月人增壽, 春滿乾坤福滿家". 戶楣單貼: "春到門前增富貴", "春光先到吉人家", "上有好鳥相和鳴", "一春和氣滿門楣", "一振高名滿帝都". 士夫多用新製, 或揀古人佳語.

畿峽六邑進蔥芽、山芥、辛甘菜. 山芥者初春雪消時, 山中自生之芥也. 熱水淹之, 調醋醬, 味極辛烈, 宜於食肉之餘, 辛甘菜者窖養當歸芽也. 淨如銀釵股, 夾蜂蜜噉之甚佳. 按撫遺, 東晋李鄂立春日, 命以蘆菔、芹芽爲菜盤, 相饋貺. 又按撫言, 安定郡王立春日, 作五辛盤, 又按杜詩, 春日春盤細生菜, 東坡詩青蒿黃韭試春盤, 蓋遺俗也.

關北俗是日作木牛, 自官府達于閭里, 遍出于路, 蓋倣出土牛之制, 而所以示勸農祈年之意也.

인일

각신(閣臣)[35]에게 동인승(銅人勝)을 나누어 준다. 작고 둥근 거울 같은데 자루가 있고 신선을 새겼다. 『세시기』를 보면 "수(隋)나라 유진(劉臻)의 아내 진씨(陳氏)가 인일에 인승(人勝)을 바쳤는데, 비단을 잘라 만들기도 하고 금박을 새겨 만들기도 하였다."라고 하였는데, 동인승은 이를 본뜬 것이다.

규장각, 예문관, 홍문관 등에 있는 제학을 불러 과거를 시행하는데 인일제(人日製)라고 한다. 성균관의 원점 유생(圓點儒生)을 시험한다. 식당에 참석하여 30일 동안 원점을 채워야 응시를 허락한다.[36] 시(詩), 부(賦), 표(表), 책(策), 잠(箴), 명(銘), 송(頌), 율부(律賦), 배율(排律) 등 각 문체를 마음대로 제목을 정해 시험한다. 수석을 차지한 자에게 문과 급제 또는 초시 합격 자격을 부여하고, 차등 있게 시상한다. 성균관에서 시행하는데 궐내에서 국왕이 직접 시험하기도 하고, 또 지방 유생과 함께 시험하기도 한다. 절일(節日)에 선비를 시험하는 것은 인일부터 시작하여 삼짇날, 칠석, 중양절 모두 이를 본뜨며 절제(節製)라고 한다.

＊

동인승의 기원으로 제시한『세시기』는『형초세시기』이다. 그런데 인용된 문장은『형초세시기』의 문장을 그대로 인용한 것이 아니라『사문유취(事文類聚)』에 축약된 형태로 인용된 것을 재인용한 것이다. 재인용한 부분은 이뿐만이 아니다.『동국세시기』에는 50여 종이 넘는 중국 서적이 인용되어 있는데, 이 가운데에는 이미 일실되어 전하지 않는 것도 있다. 50여 종 가운데 홍석모가 실제로 본 것은 많지 않을 것으로 생각된다. 홍석모는『사문유취』외에도 주이존(朱彝尊)의『일하구문고(日下舊聞考)』, 팽대익(彭大翼)의『산당사고(山堂肆考)』등 명·청의 총서 및 유서에서 필요한 부분을 재인용하였다. 이러한 현상은『동국세시기』외에도 여러 세시기와 세시기속시에서 찾아볼 수 있다.

동인승에 관한 기록은 영·정조조에 처음 보인다. 원래는 국왕을 비롯한 왕실 인사들에게 진상하는 것이었다.『만기요람(萬機要覽)』에 대전, 중궁전, 왕대비전, 각 궁에 진상하는 동인승의 수량과 가격이 있다. 이밖에 쑥으로 만든 호랑이 형상인 애화(艾花)와 머리에 꽂는 꽃장식 수화(首花) 등도 함께 진상하였다.

신후담의 「세시기」에 따르면 "인일은 국가에서 그다지 중시하지 않으며, 단지 성균관에서 과거를 설행한다." 하였다. 인일제는 삼짇날의 삼일제(三日製), 칠석의 칠일제(七日製), 중양절의 구일제(九日製)와 더불어 절제로 불렸다.

人日

頒銅人勝于閣臣, 如小圓鏡, 有柄, 鏤仙人. 按歲時記, 隋劉臻妻陳氏, 人日上人勝, 或剪綵或鏤金薄爲之, 人勝倣此.

命招提學設科曰人日製, 試太學圓點儒生, 參食堂滿三十日爲圓點, 始許赴試, 以詩、賦、表、策、箴、銘、頌、律賦、排律等各體, 隨意命題考取, 居魁者或賜第發解, 施賞有差, 設行於泮宮, 或親試於闕內. 又或通方外儒生. 節日試士, 自人日始, 三日、七夕、九日皆倣此, 曰節製.

상해일, 상자일

상해일(上亥日 : 정월 첫 해일)은 돼지날[豕日], 상자일(上子日 : 정월 첫 자일)은 쥐날[鼠日]이다. 우리나라 고사에 대궐의 어린 환관 수백 명이 줄을 서서 횃불을 땅에 끌면서 "돼지를 태운다, 쥐를 태운다."라고 소리 친다. 곡식 씨앗을 태워 주머니에 담아 재상과 근시에게 나누어주어 풍 년을 바라는 뜻을 보였다. 이때부터 해낭(亥囊), 자낭(子囊)이라는 말이 생겼다. 비단으로 만드는데, 해낭은 둥글고 자낭은 길쭉하다. 정조가 즉위하자 옛 제도를 복구하여 상자일에 주머니를 나누어주었다. 민간 에서도 콩을 볶으며 "쥐 주둥이 태운다. 쥐 주둥이 태운다."라는 주문 을 외웠다. 충청도 풍속에 여러 사람이 횃불을 피우는 것을 쥐 태우는 불이라고 한다. 상해일에 콩을 가루로 만들어 얼굴을 씻으면 검은 얼굴 이 점차 희어진다. 돼지가 검은색이므로 그 뜻을 반대로 취한 것이다.

1485년(성종16) 12월 13일, 영돈녕부사 이상 및 경연 당상관, 승정원, 홍문관, 예문관의 신하들에게 자단(紫段)으로 지은 약주머니를 나누어 주었다는 기록이 있는데, 이것이 세시에 해낭과 자낭을 하사하는 풍속의 시초이다.[37] 이 풍속은 그 뒤 오랫동안 시행되지 않다가 정조조에 와서 비로소 다시 시행되었다. 유득공의 「해자낭사(亥子囊詞)」에 따르면 정조는 즉위한 뒤로 매년 상해일과 상자일에 재신과 시종신에게 비단주머니 하나를 하사했다고 한다. 유득공은 이것이 벌레를 잡아 불에 던지는 주(周)나라 풍속에서 유래한 것이라 하였다.[38]

박준원(朴準源, 1739~1807)의 「자해낭명(子亥囊銘)」에 따르면, 상자일에 만든 것이 자낭, 상해일에 만든 것이 해낭이다. 자낭과 해낭이라는 이름을 붙인 이유에 대해서는 세 가지 설이 있다. 첫째, 자와 해는 12지(支)의 처음과 끝이니 한 해의 처음과 끝을 의미한다. 둘째, 상해일과 상자일에는 대궐에서 횃불을 끌며 "돼지를 태운다, 쥐를 태운다."라고 외치는 풍속이 있는데, 자낭과 해낭은 각각 쥐와 돼지를 상징하므로 이를 통해 액운을 없애려는 것이다. 셋째, 자는 아들을 의미하니 아들을 많이 낳으라는 뜻이고, 해는 숫자 2만을 의미하니 장수를 기원한다는 뜻이다.[39] 성해응(成海應)은 「난실담총(蘭室譚叢)」에서 자낭과 해낭의 유래를 설명하며 두 번째 설을 따랐는데, 그 역시 정조가 오랫동안 끊어진 전통을 다시 이었다는 점을 강조하였다.[40]

上亥上子日

上亥爲豕日, 上子爲鼠日. 國朝故事, 宮中小窪數百, 聯炬曳地, 呼爧豕爧鼠. 燒穀種, 盛于囊, 頒賜宰執、近侍, 以視祈年之意. 始有亥囊、子囊之稱. 用錦製, 亥囊圓, 子囊長. 及健陵御極, 復古制, 頒囊上子日. 閭巷亦炒豆呪云, 鼠嘴焦, 鼠嘴焦. 湖西俗, 燃炬成群, 謂之燻鼠火. 上亥日, 作豆屑, 澡面, 黑者漸白, 豕色黑, 故反取其義也.

묘일, 사일

묘일(卯日)은 토끼날이다. 이날 뽑은 무명실을 토사(兎絲)라고 하는데, 이것을 가지고 있으면서 액운을 막는다. 외부인과 나무로 만든 물건을 집에 들이지 않으며, 여자가 먼저 들어오는 것을 꺼린다.

사일(巳日)에는 머리를 빗지 않으며, 뱀이 집으로 들어오는 것을 꺼린다.

✿

유만공의 『세시풍요』에 따르면 토끼날에는 여자가 먼저 문으로 들어오는 것을 꺼리고, 실을 만들어 아이에게 채워 액운을 물리친다고 하였다. 조수삼의 「세시기」에도 이날은 땔나무를 집에 들이지 않으며 여자

가 문으로 들어오지 못하게 한다고 하였다. 그러나 이 밖의 문헌에서는
묘일의 풍속에 관한 기록을 좀처럼 찾을 수 없다. 사일의 풍속도 발견
되지 않는다. 조선 후기 민간에서 형성된 풍속으로 보인다.

卯日巳日

卯日爲兎日, 繰綿絲謂之兎絲, 佩而禳灾. 不納人口·木物, 忌女先入. 巳日不
理髮, 忌蛇入宅.

대보름

찰밥을 짓고, 대추, 밤, 기름, 꿀, 간장을 섞어 다시 찌고 잣을 넣는다. 약밥[藥飯]이라고 한다. 대보름의 별미로 삼아 제사에 쓴다. 신라의 옛 풍속이다. 『동경잡기(東京雜記)』를 보면 신라 소지왕 10년(488) 1월 15일 왕이 천천정(天泉亭)으로 행차하였는데, 까마귀가 날아와 왕에게 경고하였다. 나라의 풍속에 대보름을 오기일(烏忌日)로 삼아 찰밥을 지어 까마귀에게 제사하여 보답하였다. 지금 풍속에서 이 때문에 시절 음식으로 삼는 것이다.

시골 민가에서는 보름 하루 전에 짚을 묶어 둑기(纛旗)⁴¹ 모양으로 만들고, 벼, 기장, 피, 조의 이삭을 넣는다. 또 목화를 매달아 긴 장대 앞에 꽂고 집 옆에 세우고 새끼줄을 묶어 고정한다. 이것을 화적(禾積)이

서산 볏가릿대놀이 광경. 서산역사문화연구소 한기홍 제공.
정월 대보름에 풍년을 기원하며 곡식을 넣어 세우고, 2월 초하루에 내린다.

라 하며 풍년을 기원한다. 산골 풍속에는 외양간 뒤에 가지가 많은 나
무를 세우고 곡식 이삭과 목화를 걸어둔다. 아이들은 새벽에 일어나서
해가 뜰 때까지 나무 주위를 맴돌면서 노래하며 풍년을 기원한다. 우
리나라 고사에 따르면 1월 15일에는 대내에서 『시경(詩經)』 「빈풍(豳風)」
「칠월(七月)」의 농사짓고 수확하는 모습을 본떠 좌우로 나누어 승부를
겨루니, 이 역시 풍년을 기원하는 뜻이다. 민간의 볏가릿대[禾竿]는 그
중의 한 가지 일이다.

나후직성(羅睺直星)[42]에 해당하는 나이가 된 남녀는 추령(芻靈: 풀을 엮

어 만든 인형)을 만든다. 방언으로는 처용(處容: 제웅)이라고 한다. 머리에 동전을 넣고 보름 전날 밤 날이 어두워지면 길에 버려 액운을 없앤다. 아이들은 집집마다 다니며 처용을 내놓으라고 소리치는데, 처용을 얻으면 즉시 머리를 부수고 다투어 돈을 가진다. 그리고 길을 다니면서 두드리는데, 타추희(打芻戱: 제웅치기)라고 한다. 처용은 신라 헌강왕(憲康王) 때 동해 용왕의 아들 이름이다. 지금 궁중 음악과 무용을 담당하는 장악원(掌樂院) 향악부(鄕樂部)의 처용무도 여기서 비롯된 것이다. 추령을 처용이라고 하는 것도 여기서 비롯된 듯하다.

세속에서는 점쟁이 말을 믿고서 일월직성(日月直星)에 해당하는 나이가 된 사람은 종이를 오려 해와 달 모양을 만들고, 나무에 끼워 용마루에 꽂아두었다가 달이 뜨면 횃불을 켜고 맞이한다. 수직성(水直星)에 해당하는 사람은 종이에 싼 밥을 밤중에 우물에 던져 액운을 없앤다. 세속에서는 처용직성을 가장 꺼린다.

나이 어린 남녀는 겨울부터 작은 나무 조롱박을 찬다. 파랑, 빨강, 노랑 세 개가 있는데 콩 모양이다. 비단실로 술을 단다. 보름 전날 밤 길에 몰래 버리는데, 역시 액운을 없애는 것이라 한다.

보름 전에 붉은 팥죽을 쑤어 먹는다. 『형초세시기』를 보면 "시골 풍속에 1월 보름이면 문에 제사를 지내는데, 먼저 버드나무 가지를 문에 꽂고, 팥죽에 숟가락을 꽂고서 제사지낸다." 하였다. 지금 풍속에 팥죽을 차리는 것도 여기서 비롯된 듯하다.

도성의 북문을 숙청문(肅淸門)이라고 하는데 항상 닫아두고 사용하지 않는다. 계곡이 맑고 조용하다. 보름 전까지 민간의 부녀자들이 세 번 이곳에서 놀면 액운을 없앨 수 있다고 한다.

새벽에 종각 사거리의 흙을 파서 집 안 네 귀퉁이에 나누어 묻는다. 또 부뚜막에 발라 재물이 모이기를 바란다.

이른 새벽에 생밤, 호두, 은행, 잣, 무 따위를 깨물며 "일 년 열두 달 무사태평하고 부스럼이 나지 않게 해주소서."라고 빈다. 부럼깨기[嚼癤]라고 한다. 어떤 이는 치아를 튼튼히 하는 방법이라고 한다. 평안도 의주(義州) 풍속에 젊은 남녀가 이른 새벽에 엿을 깨무는데 치교(齒較)라고 한다. 청주 한 잔을 데우지 않고 마시면 귀가 밝아진다고 하는데 귀밝이술[牖聾酒]이라고 한다. 섭정규(葉廷珪)의 『해록쇄사(海錄碎事)』를 보면 사일(社日)[43]에 어두운 귀를 낮게 하는 술을 마신다고 하였는데, 지금 풍속은 보름에 이렇게 한다.

박, 오이, 버섯 등을 말린 것과 콩나물, 무 등을 보관해둔 것을 묵은 나물[陳菜]이라고 하는데, 반드시 이날 나물을 무쳐 먹는다. 오이꼭지, 가지껍질, 무청도 모두 버리지 않고 말렸다가 삶아 먹는데, 더위를 먹지 않는다고 한다. 채소잎이나 김으로 밥을 싸서 먹는데, 복쌈[福裹]이라고 한다. 『형초세시기』에 "인일(人日)에는 일곱 가지 채소를 캐서 국을 만든다." 하였는데, 지금 풍속에는 보름으로 바뀐 것이다. 이 또한 『시경』

「패풍(邶風)」의 '겨울을 나기 위해 저장한 맛난 음식'[44]이다.

오곡을 섞어 밥을 지어 먹는데, 나누어 먹기도 한다. 경상도 풍속도 그러하여 하루 종일 먹는다. 제삿밥을 나눠 먹는 옛 풍속을 따른 것이다.

아침 일찍 일어나 사람을 만나면 갑자기 부르는데, 대답하는 사람이 있으면 번번이 "내 더위 사라."라고 한다. 더위팔기[賣暑]라고 한다. 더위를 팔면 더위를 먹지 않는다고 하여 온갖 방법으로 부른다. 그러므로 대답하지 않으면서 놀린다. 범석호[范石湖: '석호'는 범성대(范成大, 1126~1193)의 호]의 「매치애사(賣癡獃詞)」에 "섣달그믐 밤이 다 지나도록 잠을 자지 않고 사람을 불러내 바보 사라고 한다." 하였고, 육방옹의 시에 "집집마다 놀이하느라 새해에도 떠들썩한데, 춘곤(春困) 파는 아이는 새벽부터 일어난다."[45] 하였는데, 주석에 "입춘일에는 날이 밝기 전에 상대를 부르며 춘곤을 판다." 하였다. 지금 풍속의 보름 더위팔기도 이와 비슷하다.

어린아이는 보름에 백 집에서 밥을 얻어다가 개를 마주 보고 절구를 타고 앉아 개에게 한 숟갈 주고 자기도 한 숟갈 먹으면 다시는 병을 앓지 않는다.

이날은 개에게 밥을 주지 않는다. 밥을 주면 파리가 많아져 여위기 때문이다. 세속에서 굶주린 사람을 놀리며 '보름날 개'에 비유한다.[46]

과일나무 가지 사이에 돌멩이를 끼우면 과일이 많이 열리는데, 이를 과일나무 시집보내기[嫁樹]라고 한다. 서광계(徐光啓)의 『농정전서(農政全書)』에 따르면 자두나무에만 이 방법을 쓸 수 있다고 하였다. 또 유종본(兪宗本)의 『종과소(種果疏)』 주석에 자두나무 시집보내는 방법이 있는데, 정월 1일 또는 15일이라고 하였다. 또 진호(陳淏)의 「화력신재(花曆新栽)」에 자두나무 시집보내기에 대한 설명이 있는데, 섣달그믐 5경에 장대로 자두나무 가지를 두드리면 열매가 많이 열린다고 하였다. 또 석류나무 시집보내는 법도 있는데, 정월 초하루에 돌멩이를 석류나무 갈라진 가지 사이에 놓으면 열매가 커지며, 섣달그믐에 해도 된다고 하였다. 과일나무 시집보내기는 섣달그믐, 설날, 대보름 어느 때 해도 좋다. 지금 풍속은 여기서 비롯된 것이다.

　　아이는 종이연 위에 식구들 이름과 "몇 년생, 액운이 없어진다."라는 글자를 줄지어 쓰고, 제멋대로 날도록 하였다가 날이 저물면 실을 끊어 놓아버린다. 연의 구조는 대나무 살에 키 모양으로 종이를 바른다. 다섯 빛깔의 오색연(五色鳶), 바둑판 무늬의 기반연(碁斑鳶), 윗부분만 검은 묵액연(墨額鳶), 쟁반처럼 둥근 쟁반연(錚盤鳶), 방패처럼 네모난 방혁연(方革鳶), 고양이 눈을 그린 묘안연(猫眼鳶), 까치 모양의 작령연(鵲翎鳶), 물고기 모양의 어린연(魚鱗鳶), 용꼬리 모양의 용미연(龍尾鳶) 등 이름이 몹시 많다. 얼레를 만들어 실을 매어 감고 공중에 던져 바람 따라 날리는 것을 연날리기[風箏]라고 한다. 중국의 연 만드는 법은 기이하고 정교하다. 겨울부터 늦봄까지 날린다. 우리나라도 겨울이면 시장에서 파는데 보름날까지 날린다.

전하는 말에 따르면 (고려 때) 최영 장군이 탐라를 정벌할 때 사용한 데서 비롯되었다고 하는데, 우리나라에서 지금까지 하고 있다. 실을 합치고 아교를 바르면 백마의 꼬리처럼 깨끗해진다. 치잣물을 들여 노랗게 만들기도 한다. 정처 없이 이리저리 날다가 다른 연과 만나면 실을 자주 끊는 것을 좋아한다. 바람을 타고 소리 내는 것이 가장 좋다. 실을 잘 끊으려면 사기 그릇 조각이나 구리가루를 바른다. 그렇지만 연싸움하는 능력에 달려 있다. 서울 젊은이 중에 연싸움 잘하기로 이름난 자가 있으면 부귀한 집에서 종종 불러다 구경하기도 한다.

보름날 하루 이틀 전에는 수표교를 중심으로 청계천 상류와 하류에서 연싸움 구경하는 사람들이 담장처럼 빽빽하게 서 있다. 아이들은 기회를 보아 실을 끊기도 하고, 실이 끊어진 연을 쫓아 하늘을 보면서 마구 달리는데, 담을 넘고 집을 넘어도 형세상 막을 수가 없어 사람들이 무서워하고 놀란다. 보름이 지나면 더 이상 날리지 않는다.

대나무 살 좌우에 오색 종이를 붙이는데, 네모난 것도 있고 둥근 것도 있고 큰 것도 있고 작은 것도 있어서 만드는 방법이 여러 가지이다. 어린아이들이 자루를 꽂아서 가지고 노는데, 바람을 맞으면 돌아간다. 바람개비[回回兒]라고 하는데 시장에서 많이 판다.

어린아이들은 견사(繭絲) 한 가닥에 거위 깃털을 매고 바람 따라 날리는데, 꼬꼬매[姑姑妹]라고 한다. 몽고말로 봉황이라는 뜻이다.

갖가지 모양의 연. 국립민속박물관 소장.

연을 날리고 실이 남으면 아이들은 돌에 매달아 서로 실을 걸어서 잡아당기며 노는데, 끊어진 사람이 지는 것이다.

땅을 파서 구덩이를 만들고 어른과 아이로 편을 나눈다. 동전을 던져 구멍에 넣은 뒤에 큰 동전을 던져서 맞힌다. 내기를 해서 맞힌 사람이 이기는 것으로 하고 돈을 가지며, 잘못 맞히거나 맞히지 못한 사람이 지는 것이다. 보름날에는 이 놀이가 더욱 성행한다. 어린아이들은 간혹 돈 대신 깨진 질그릇을 던지기도 한다.

날이 저물면 횃불을 들고 높은 곳에 올라가는데, 이를 달맞이[迎月]라고 한다. 먼저 달을 보는 사람이 길하다고 한다. 이것으로 날씨를 점치는데, 달빛이 붉으면 가뭄이 들 징조이고, 희면 홍수가 날 징조이다. 또 달이 뜰 때의 모양과 크기, 흔들림과 높낮이를 보거나 테두리의 사방 두께를 가지고 사방의 농사를 점친다. 두꺼우면 풍년이 들 징조고, 얇으면 흉년이 들 징조인데 조금도 틀린 적이 없다.

순라(巡邏)를 맡고 있는 군문(軍門)은 야금(夜禁)을 완화한다. 당나라 위술(韋述, ?~757)의 『서도잡기(西都雜記)』를 보면, "정월 대보름 전후로 하루씩 금령을 완화하도록 금오위(金吾衛)에 명령하는데, 방야(放夜)라고 한다." 하였다. 우리나라 제도는 이를 본떴다.

도성의 남녀가 모두 쏟아져 나와 열운가(閱雲街)의 종각에서 저녁 종

소리를 듣는다. 그러고는 흩어져서 여러 다리로 가는데, 왕래하는 행렬이 밤새 끊이지 않는다. 이를 다리밟기[踏橋]라고 한다. 어떤 이의 말에 따르면 교(橋)를 우리말로 풀이하면 각(脚)의 우리말 풀이[다리]와 음이 같은데, 속설에 이렇게 다리밟기를 하면 일 년 내내 다리병이 없다고 한다. 대광통교, 소광통교, 수표교에 사람이 가장 많아 인산인해를 이루며 피리 소리, 북소리가 진동한다.

『옹락영이록(雍洛靈異錄)』을 보면 "당나라 때 1월 15일 밤에는 삼경까지 돌아다니는 것을 허락하였는데, 모든 남녀가 밤에 돌아다니느라 수레와 말이 길에 가득하다." 하였다. 육계굉(陸啓泓)의 『북경세화기(北京歲華記)』를 보면 "정월 보름날 밤에 부녀자들이 모두 집을 나와 다리를 달린다." 하였다. 또 우혁정(于奕正)의 『제경경물략』을 보면, "정월 보름날 밤에 부녀자들이 너도나도 밤에 돌아다니며 질병이 없어지기를 비는데, 이것을 백병쫓기[走百病]라고 한다." 하였다. 심방(沈榜, 1540~1597)의 『완서잡기(宛署雜記)』를 보면 "16일 밤에 부녀자들이 무리지어 노는데, 다리가 있는 곳에서는 삼삼오오 짝을 지어 건넌다. 이를 두고 액운을 넘긴다[度厄]고 한다." 하였는데, 이것이 우리나라 다리밟기의 유래이다. 이수광(李睟光, 1563~1628)의 『지봉유설(芝峯類說)』에 "정월 보름날 밤 다리밟기 놀이는 고려 때 시작되었는데, 평상시에 몹시 성행하여 남녀가 길을 메워 밤새도록 그치지 않아 법관이 금지하고 체포하기까지 하였다." 하였다. 지금 풍속에서는 부녀자들이 더 이상 다리밟기를 하지 않는다.

삼문(三門)[47] 밖과 아현(阿峴) 사람들이 모여 편을 나누고 몽둥이를 들거나 돌을 던지며 고함을 지르고 쫓아다니면서 만리현(萬里峴: 지금의 만리동) 위에서 접전을 벌이는데, 편싸움[邊戰]이라고 한다. 물러나 달아나는 편이 지는 것이다. 속설에 따르면 삼문 밖 편이 이기면 경기에 풍년이 들고, 아현이 이기면 팔도에 풍년이 든다고 한다. 용산과 마포의 불량배들이 무리지어 아현 편을 돕는데, 싸움이 한창일 때 땅이 흔들릴 정도로 소리치며 머리를 싸매고 공격한다. 이마가 깨지고 팔이 부러지거나 피를 보아도 멈추지 않는다. 죽거나 다쳐도 후회하지 않고, 목숨으로 갚는 법도 없다. 사람들은 모두 돌이 무서워 피한다. 금지를 담당하는 관사에서는 각별히 금지하지만, 고질적인 폐단이라 완전히 고칠 수는 없다. 도성 안의 어린아이들도 흉내를 내어 종로와 비파정(琵琶亭)[48] 등지에서 편싸움을 한다. 도성 밖의 경우는 만리현, 우수현이 편싸움하는 곳이다.

경상도 안동의 풍속에는 매년 1월 16일 고을에 사는 백성이 개울을 중심으로 좌우로 편을 나누고 돌을 던지며 싸워 승부를 결정짓는다. 평안도와 황해도의 풍속에도 보름에 석전(石戰) 놀이가 있다. 『당서(唐書)』 「고려전(高麗傳)」을 보면 "매년 초 패수(浿水) 가에 모여서 노는데, 물을 끼얹고 돌을 던지며 두세 차례 쫓아가다가 그만둔다."라고 하였으니, 이것이 우리나라 석전의 시초이다.

모든 집에서 밤새 기름 등불을 켜는데, 섣달그믐 밤에 수세(守歲)하는 관례와 같다.

장님을 불러 보름 전부터 밤새도록 『안택경(安宅經)』을 외게 하여 액운을 없애고 복을 빈다. 이달이 다 갈 때까지 한다.

한 자짜리 나무 막대기를 뜰에 세워놓고 자정에 달빛이 비추면 그 나무 막대기의 그림자 길이를 보고 풍흉을 점친다. 그림자가 여덟 치면 바람과 비가 충분하고, 일곱 치와 여섯 치도 모두 길조이다. 다섯 치면 불길하고, 네 치면 수해와 병충해가 생기고, 세 치면 곡식이 익지 않는다. 이 방법은 한나라의 문인으로 사부(辭賦)와 해학에 능했던 동방삭(東方朔)에게서 나온 것이다. 『화력신재(花曆新栽)』에 보면 "정월 보름밤에 한 길짜리 장대를 세워놓고 자정에 달그림자를 관찰한다. 6~7자이면 풍년이 들고, 8~9자이면 수해가 생기며, 3~5자면 반드시 가뭄이 든다." 하였다. 보름날 밤에 달그림자를 관찰하는 것은 유래가 있다.

한밤중에 주발에 재를 깔고 지붕에 올려놓아 어떤 곡식 씨앗이 하늘에서 떨어지는지 본다. 다음날 아침에 떨어진 곡식 씨앗을 보고서 풍년을 점친다.

새벽에 닭이 처음 울면 우는 횟수를 센다. 열 번 넘게 울면 풍년이 든다고 하는데, 시골 풍속이다.

평안도와 황해도 풍속에 보름 전날 밤에 닭이 울면 집집마다 표주박을 들고 다투어 정화수를 긷는데, '용알 건지기[撈龍卵]'라고 한다. 먼저 긷는 사람이 농사가 잘 된다고 한다. 또 콩 열두 알에 열두 달을 표시하여 볏짚에 넣고 새끼로 묶어 우물에 담가두는데, 달불이[月滋]라고 한다. 새벽에 꺼내서 콩이 불었는지 보고 그 달에 수해가 있을지 예상하면 틀림없다. 또 마을의 호구 수대로 콩 몇 알을 사용하여 각기 호주를 표시하고 짚단에 넣어 우물에 담그는데, 집불이[戶滋]라고 한다. 이튿날 꺼냈을 때 불어난 집은 그 해에 풍년이 든다.

충청도 풍속에 횃불싸움[炬戰]이 있다. 또 편을 갈라 밧줄을 잡아당겨서 끌려가지 않은 쪽이 이기는 것으로 하여 풍년을 점치는데, 옛날의 줄다리기인 설하희(挈河戲)와 같은 것이다.[49] 경기의 풍속도 그러하며, 승려들도 이러한 놀이를 한다.

강원도 산간 풍속에 아이들이 입을 모아 온갖 새의 이름을 부르며 쫓는 흉내를 내는데, 이 또한 풍년을 기원하는 뜻이다.

춘천 풍속에 수레싸움[車戰]이 있다. 각 마을이 편을 나누어 외바퀴 수레를 앞으로 몰면서 싸우고 이것으로 풍년을 점친다. 쫓겨 달아나는 쪽은 흉년이 든다. 경기 가평(加平)의 풍속도 그러하다.

경상도 풍속에 갈전(葛戰)이 있다. 칡으로 밧줄을 만드는데 두께가 4~50줌은 된다. 편을 갈라 서로 당겨 승부를 결정하는데, 이를 점풍(占豊)이라고 한다.

안동 풍속에 시골의 늙고 젊은 여인들이 무리지어 밤에 성 밖으로 나가서 물고기를 꿰어놓은 것처럼 기어가는데, 앞뒤가 연결되어 계속 끊이지 않는다. 어린 여자 한 사람을 시켜 그 위를 걸어가게 하고, 좌우에서 부축한다. 노래를 부르며 왔다 갔다 하는 것이 마치 다리밟기하는 모양새이다. 어린 여자가 먼저 "이것은 무슨 다리인가?" 하고 소리치면 엎드린 여자들이 일제히 "청계산 놋다리"라고 한다. 큰길을 따라 동쪽으로 가기도 하고 서쪽으로 가기도 하면서 밤새도록 하고서야 그친다.

풍기 풍속에 보름날 고을의 수리(首吏)가 검은 소를 거꾸로 탄 채로 거문고를 안고 관아에 들어간다. 수령에게 절을 하고서 일산(日傘)을 들고 나오는데, 무슨 뜻인지는 모르겠으나 필시 복을 빌기 위해서일 것이다.

✿

오늘날 대보름은 여러 명절 가운데 하나이지만, 과거 대보름은 여느 명절에 비해 중요한 명절이었다. 대보름은『동국세시기』를 비롯한 여러 세시기에서 큰 비중을 차지하며, 세시기속시 가운데 가장 많이 보이는 것도 대보름에 관한 것이다. 조수삼은「세시기」에서 대보름을 일 년 중 제일가는 명절이라고 하였다.

홍석모가 "대보름 약밥은 우리나라에서 시작되었다.[上元藥飯起於東]"[50] 라고 하였듯이, 대보름의 약밥은『삼국유사(三國遺事)』에 실려 있는 '사금갑(射琴匣)' 설화에서 유래하였다는 것이 조선 문인들의 일반적인 인식이었다. 『열양세시기』에서는 중국의 기름밥[油飯]에서 유래한 것이라고 하였으나 홍석모는 인정하지 않았던 듯하다.

『삼국유사』에는 사금갑 사건이 일어난 시기를 비처왕(毗處王 : 소지왕) 10년이라고 하였을 뿐 날짜는 명시하지 않았고, 까마귀에게 제사하는 날을 16일이라고 하였다. 그러나 『동국여지승람』에는 정월 15일에 일어난 사건으로 기록되어 있다. 약밥은 문헌에 따라서는 찰밥[糯飯]이라고도 하는데, 찰밥에 각종 견과를 섞어 만든 것이 약밥이라는 점에서 별 차이는 없는 듯하다. 이렇게 약밥을 만드는 법은 『용재총화』에 자세한데, 조선 전기부터 이어진 풍속으로 보인다. 정약용은 약밥의 '약'을 꿀[蜜]이라는 뜻으로 보았다.[51] 다만 약밥을 제사에 올리는 풍속에 대해서는 이견이 있었다. 영조는 까마귀에게 제사지내는 음식을 사람에게 대접하고 제사에 올리는 것은 이상한 일이라고 하였으며, 이학규도 같은 점을 지적하였다.[52]

볏가릿대 세우는 풍속은 조선 전기 문헌에는 좀처럼 보이지 않으나 조선 후기 문헌에는 자주 보인다. 대보름에 달을 보고 풍흉을 섬쳤다는 기록은 조선 전기부터 보이며, 더위팔기는 조선 중기 이안눌의 시에 보인다.[53] 석전은 『고려사(高麗史)』 및 조선 초기 실록에 실려 있는 오랜 풍습이다. 홍석모는 고구려의 풍속으로 소급하였다.

홍석모는 제웅치기를 처용 설화에서 비롯된 고유의 풍속으로 보았으나, 조수삼은 송대(宋代)에 비롯된 풍속이라 하였으며, 정동유는 원대(元代)의 탈재(脫災)에서 비롯된 풍속이라 하였다.

홍석모는 부녀자들이 더 이상 다리밟기를 하지 않는다고 하였는데,

조선 후기 문인 정동유(鄭東愈, 1744~1808)가 편찬한 백과사전식 저술 『주영편(畫永編)』에도 같은 내용이 있는 점으로 미루어, 이 무렵에는 남성들만의 풍속으로 자리 잡은 듯하다.

上元

炊糯米, 拌棗栗油蜜醬, 再蒸調海松子, 名曰藥飯, 爲上元佳饌, 用以供祀, 蓋新羅舊俗也. 按東京雜記, 新羅炤智王十年正月十五日, 幸天泉亭, 有飛烏警告于王. 國俗以上元日爲烏忌之日, 作糯飯, 祭烏報賽, 今俗因爲時食.

鄕里人家, 以上元前日, 束藁如纛狀, 包禾黍稷粟之穗, 又懸木綿花, 冒於長竿之首, 建屋傍, 張索把定, 稱禾積, 以祈豊. 峽俗立多枝木於牛宮之後, 掛穀穗綿花. 小兒曉起, 繞樹而行歌以祝之, 至日出. 國朝故事, 正月望日, 大內象闕風七月耕穫狀, 分左右角勝, 蓋亦祈年之意, 而閭巷禾竿, 卽其一事爾.

男女年値羅睺直星者, 造芻靈, 方言謂之處容. 齎銅錢於顧中, 上元前夜初昏, 棄于塗, 以消厄. 群童遍向門外, 呼出處容, 得便破顧爭錢, 徇路以打擊之, 謂之打芻戲. 處容之稱, 出於新羅憲康王時東海龍子之名, 今掌樂院鄕樂部, 有處容舞是也. 以芻靈謂處容, 蓋假此也. 俗信卜說, 年値日月直星者, 剪紙象日月, 鉗以木, 挿屋脊, 月出時, 或燃炬迎之. 水直星者, 以紙裹飯, 夜半投井中禳之, 俗最忌處容直星.

男女幼少者, 自冬佩小木葫蘆, 青紅黃三枚如荳狀, 用綵絲爲綬, 上元前夜半, 潛捐于道, 亦謂消厄.

望前煮赤小豆粥食之. 按荊楚歲時記, 州里風俗, 正月望日祭門, 先以柳枝挿門, 仍以豆粥挿箸而祭之. 今俗設食, 似沿于此.

都城北門曰肅淸, 恒閉而不用, 澗壑淸幽. 上元前, 閭巷婦女三遊此門, 謂之度厄.

曉頭掘取鍾閣十字街上土, 散埋家中四隅, 又傅竈以求財聚.

淸晨嚼生栗、胡桃、銀杏、皮栢子、蔓菁根之屬, 祝曰:"一年十二朔, 無事太平, 不生癰癤." 謂之嚼癤, 或云固齒之方. 義州俗, 年少男女, 淸晨嚼飴糖, 謂之齒較. 飮淸酒一盞不溫, 令人耳聰, 謂之牖聾酒. 按葉廷珪海錄碎事, 社日飮治聾酒, 今俗於上元行之.

畜匏瓜、蕈蕘諸乾物及大豆、黃卷、蔓菁、蘿葍, 謂之陳菜, 必於是日作荣食之. 凡瓜顱、茄皮、蔓菁葉, 皆不棄曬乾, 亦爲烹食, 謂之不病暑. 以荣葉、海衣裹飯啗之, 謂之福裹. 按荊楚歲時記, 人日採七種荣作羹, 今俗移於上元, 而抑亦邶[54]風御冬之旨畜也.

作五穀雜飯食之, 亦以相遺, 嶺南俗亦然, 終日食之, 蓋襲社飯相饋之古風也.

早起見人, 猝然呼之, 有應者, 輒曰買吾暑, 謂之賣暑. 賣之則謂無暑病, 百計呼之, 故不應以爲譃. 按范石湖賣癡獃詞, 除夕更闌人不睡云, 有癡獃召人買. 又按陸放翁詩: "呼盧院落譁新歲, 賣[55]困兒童起五更." 註, 立春未明, 相呼賣春困, 今俗上元賣暑, 卽此類也.

小兒春病羸瘠者, 乞上元百家飯, 騎臼對犬而坐, 與犬一匙, 自啖一匙, 不復病.

是日不飼犬, 飼之則多蠅而瘦故也. 俗戲餓者, 比之上元犬.

果樹歧枝閣石子則果繁, 謂之嫁樹. 按徐光啓農政全書, 惟李樹用此法. 又按兪宗本種果疏, 嫁李法, 正月一日或十五日. 又按陳淏花曆新栽, 嫁李, 除夕日五更, 以長竿打李樹椏, 則結實多. 又云, 嫁石榴, 元朝以石塊安榴椏枝間, 則結實大, 除夜亦可. 蓋嫁果之法, 除夜, 元朝, 上元無不宜焉, 今俗沿此.

兒童列書家口某生身厄消滅字於紙鳶之背, 任其所飛, 日暮斷其線而放之. 鳶制竹骨糊紙, 微似箕狀, 五色或某斑, 墨額, 錚盤, 方革, 猫眼, 鵲翎, 魚鱗, 龍尾, 名色特繁, 作絲車, 繫絲而運, 投之空中, 隨風戲之, 謂之風錚. 中國則製樣奇巧, 自冬而始, 爲晚春之戲. 東俗亦自冬天市上賣之, 至于上元. 諺傳昉自崔瑩伐耽羅之役, 國俗至今行之. 合絲淬膠, 淨如白馬尾, 或染梔黃, 飛無定處, 縱橫掃盪, 與他相交, 以多割爲快. 凌風而叫者最善, 割甚者傅以磁末銅屑, 然在交法之能否. 都下年少, 有以善交鳶噪名者, 豪貴家往往延致觀之. 每上元前一兩日, 手標橋沿河上下, 觀交鳶者, 簇如堵墻. 群童候斷搶絲, 或追敗鳶, 眄空奔波, 踰垣越屋, 勢莫可遏, 人多怖駭, 過上元, 不復飛鳶.

糊貼五色紙於竹骨左右, 方圓大小, 制樣不一, 以柄中挿, 小兒弄之, 當風而轉, 號曰回回兒, 市多賣之.

用獨繭絲繫鶩毛, 小兒順風而颺之, 號曰姑姑妹, 蒙古語鳳凰也.

以放鳶之餘絲, 兒童繫石相對交絲, 牽引以爲戲, 被斷者負.

穴地爲窩, 壯幼分隊擲錢, 以中窩後, 擲王大錢中, 其賭中者, 收其錢以爲勝, 誤中與不中者爲負. 上元日此戲尤盛, 小兒輩或用破陶爲錢而擲之.

初昏持炬登高, 謂之迎月, 以先見月者爲吉, 仍占候, 月色赤徵旱, 白徵水, 又占月出時形體大小, 湧浮高低, 又以輪郭四方厚薄, 占四方年事, 厚則徵豊, 薄則徵凶, 無少差忒.

巡邏軍門弛夜禁, 按唐韋述西都雜記, 正月十五夜, 勅許金吾弛禁, 前後各一日, 謂之放夜, 國制倣此.

都人士女傾城而出, 聽夕鍾於閑雲街鍾閣, 散至諸橋, 往來達夜不絶, 謂之踏橋. 或云橋方言與脚同釋音, 俗說如是則終年無脚疾. 大小廣通橋及手標橋最

盛, 人海人城, 簫鼓喧轟. 按雍洛靈異錄, 唐朝正月十五夜, 許三夜夜行, 士女無
不夜遊, 車馬塞路. 又按陸啓浤北京歲華記, 正月十五夜, 婦女俱出門走橋. 于
奕正帝京景物略, 元夕, 婦女相率宵行, 以消疾病, 曰走百病. 沈榜宛署雜記, 十
六夜, 婦女群遊, 凡有橋處, 三五相率以過, 謂之度厄, 此卽東俗踏橋所沿也.
李睟[56]光芝峯類說云, 上元踏橋之戲, 始自前朝, 在平時甚盛, 士女騈闐, 達夜
不止, 法官至於禁捕, 今俗婦女無復踏橋者矣.

三門外及阿峴, 人成群分隊, 或持棒或投石, 喊聲趕逐, 爲接戰狀於萬里峴
上, 謂之邊戰, 以退走邊爲負. 俗云, 三門外勝則畿內豐, 阿峴勝則諸路豐. 龍
山、麻浦惡少, 結黨救阿峴, 方其酣鬪, 呼聲動地, 纏頭相攻, 破額折臂, 見血不
止, 雖至死傷而不悔, 亦無償命之法, 人皆畏石回避, 掌禁該司, 另行禁戢, 而痼
習無以全革. 城內童豎, 亦效而爲之於鍾街、琵琶亭等處, 城外則萬里峴、雨水
峴爲邊戰之所. 安東俗, 每年正月十六日, 府內居民, 以中溪分爲左右, 投石相
戰, 以決勝負. 兩西俗, 上元亦有石戰之戲. 按唐書高麗傳, 每年初聚戲浿水之
上, 以水石相濺擲, 馳逐再三而止, 此爲東俗石戰之始.

渾舍張油燈達夜, 如除夕守歲之例.

邀瞽者, 自上元前誦安宅經, 達夜以度厄祈福, 限月盡行之.

立尺木於庭中, 月色當午, 以其木影占年穀豐凶, 影八寸風雨榮, 七寸六寸俱
吉, 五寸不吉, 四寸水蟲行, 三寸穀不實. 按此法出於東方朔, 又按花曆新栽云,

上元夜竪一丈竿, 候月午影, 六七尺稔, 若八九尺主水, 三五尺必旱, 元宵測影, 有自來矣.

夜半鋪灰於盂, 置之屋上, 以驗穀種之自隕, 明朝視之, 以所隕之種, 占其豐熟.

曉頭候雞初鳴, 算其鳴數, 過十鳴卽占歲豐, 卽鄉里之俗也.

兩西俗, 上元前夜待雞鳴, 家家持瓢, 爭先汲井華水, 謂之撈龍卵, 先汲者占其農功. 又以大豆十二枚, 爲十二月標, 納于穭稈, 以綯束之, 沈於井中, 謂之月滋. 晨出驗之以其滋不滋, 徵其月之水旱而不忒. 又以里中戶數, 用大豆幾枚, 各爲戶主之標, 納稈沈井, 謂之戶滋, 厥明驗之, 滋者其戶年內豐足.

湖西俗有炬戰, 又以綯索分隊, 把持相牽引, 不被引者爲勝, 以占豐, 卽古之挈河戲也. 畿俗亦然, 緇徒又有此戲.

關東峽俗, 群童齊唱百鳥之名, 作驅逐之狀, 亦是祈穀之意也.

春川俗有車戰, 以獨輪車, 各里分隊, 前驅相戰, 以占年事, 逐北者爲凶, 加平俗亦然.

嶺南俗有葛戰, 以葛作索, 大可四五十把, 分隊相引, 以決勝, 謂之占豐.

安東俗, 村女老弱成群, 夜出城外, 魚貫伏行, 後前相續, 連亘不絶, 令一幼女子, 步行其上, 左右扶掖, 唱喏來往, 若踏橋狀. 女兒先唱曰: "是何橋?" 伏者齊應曰: "淸溪山銅橋." 遵大路而或東或西, 達宵而止.

豊基俗, 上元日, 邑首吏倒騎黑牛, 抱琴而入衙庭, 拜于官, 擎日傘而出, 未知何意而必是祈福之事也.

1월 기타

종로 일대 상설 시장인 시전(市廛)에서 날을 잡아 시장을 여는데, 반드시 털날[毛蟲日][57]에 연다. 털이 수북한 것처럼 장사가 잘돼서 재물이 불어나기를 바라는 것이다. 인일(寅日)을 최고로 친다.

성균관과 사학(四學)에 기거하는 유생의 식당 도기(食堂到記)[58]를 거두어 국왕이 강경(講經)과 제술(製述)을 친히 시험한다. 강경은 삼경(三經) 중에 하나, 제술은 절제(節製)의 관례와 같이한다. 강경과 제술에서 수석을 차지하면 모두 급제 자격을 하사하는데, 춘도기과(春到記科)라고 한다. 가을에도 시행하는데 추도기과(秋到記科)라고 한다.

경주 풍속에 따르면 정월의 상자일(上子日), 상진일(上辰日), 상오일

(上午日), 상해일(上亥日) 등에는 모든 일을 꺼리고 삼가며 함부로 움직이지 않으며 조심하는 날로 삼는다. 신라 소지왕 10년(488) 1월 15일에 까마귀, 쥐, 용, 말, 돼지의 이변이 있었기에 왕이 금갑의 화를 면하였다. 그래서 나라 사람들이 상자일, 상진일, 상오일, 상해일을 조심하는 날로 삼는다. 우리말에 달도(怛忉)라는 말이 있는데, 슬퍼하고 근심하여 금지하고 꺼린다는 말이다. 김종직(金宗直)의 「달도가(怛忉歌)」가 있다. 【『동국여지승람』에 보인다.】

16일에 시골에서는 대부분 움직이지 않고 나무로 된 물건을 들이지 않으며 꺼리는 날로 삼는다. 경주의 옛 풍속을 답습한 듯하다.

24일은 해마다 흐리다. 임진왜란 때 왜병이 서울을 함락하였다가 명군(明軍)이 승세를 타고 진격하자 왜적이 놀라 도망하였다. 왜적이 한밤중에 분탕질을 하며 도성 사람을 모두 도륙하는 바람에 백 명 중에 한 사람도 벗어나지 못했는데, 바로 이날이었기에 원기(怨氣)가 그렇게 만든 것이다.

8일을 패일(敗日)이라고 잘못 말하는데, 팔(八)과 패(敗)의 중국 음이 같기 때문이다. 이날 남자는 문을 나서지 않고 조심하는 날로 삼는 풍습이 있다. 고려의 풍속에 매달 8일 부녀자들이 성 안팎으로 나가 놀았으므로 남자들은 나가지 않고 집에 있었다. 이 풍속이 와전되어 지금은 나가면 안 되는 날이 된 것이다.

상현일(上弦日)과 하현일(下弦日)을 조감일(潮減日 : 조금)이라고 한다. 매달 민가에 금기에 구애되는 일이 있으면 반드시 이날이 지나서야 오간다. 꺼리는 일이 있는 사람도 이날이 지나야 만난다.

5일, 14일, 23일을 삼패일(三敗日)이라고 한다. 매달 이날에는 모든 일을 꺼려 함부로 움직여도 안 되고 길을 떠나도 안 된다. 고려 풍속에서 비롯되었는데, 이 3일은 임금이 사용하는 날이므로 백성은 사용하지 않고 꺼리게 된 것이라 한다. 원래부터 패일은 아니었다.

❈

턱날에 관한 기록은 『세시풍요』를 제외하면 좀처럼 발견되지 않는다. 이 역시 비교적 늦게 형성된 풍속으로 보인다.

도기과를 정기적으로 시행한 것은 정조조이다. 조선시대에는 국립대학인 성균관과, 그보다 한 등급 낮은 학교로 동학(東學), 서학(西學), 남학(南學), 중학(中學)을 통칭하는 사학이 있었는데, 일정한 출석 점수를 얻은 성균관과 사학 유생을 대상으로 도기과를 봄가을로 두 차례 시행하였다. 춘도기는 1월, 추도기는 7월에 시행한다.

정월의 첫 번째 자일, 진일, 오일, 해일을 신일(愼日) 또는 달도라고 한다는 기록은 조선 초기 문헌에도 종종 보이며, 삼패일을 꺼리는 풍속 역시 조선 초기 문헌에 보인다. 『주영편』에서는 '삼파일(三破日)'이라고 하였는데, 근거 없는 풍속이라 하였다.

月內

市廛擇日開市, 必用毛蟲日, 取其繁孳, 而寅日爲最.

收太學、四學居齋儒生食堂到記, 親試講製, 講則三經中一經, 製則如節製之例, 講製居首, 並賜第, 曰春到記科. 秋節又行之, 曰秋到記科.

慶州俗, 正月上子、上辰、上午、上亥等日, 忌愼百事, 不敢動作, 以爲愼日. 蓋新羅炤智王十年正月十五日, 有烏鼠龍馬猪之異, 王免琴匣之禍, 國人以子、辰、午、亥日爲愼日, 俚言怛忉言悲愁而禁忌也. 金宗直有怛忉歌.【見輿地勝覽】

十六日, 鄕俗多不動作, 不納木物爲忌日, 似襲慶州之遺風也.

二十四日, 每年陰曀, 蓋倭亂時倭兵陷京城, 天兵乘勝進逼, 倭賊驚遁, 半夜焚蕩, 盡屠一城, 百無一脫, 乃是日, 而怨氣使然也.

八日, 謬稱敗日, 八與敗華音同也. 是日男子不出門, 爲俗忌日. 按高麗俗, 以每月八日, 婦女出遊城內外, 故男子在家不出. 此風訛傳, 今俗作不宜出行日.

上弦下弦日, 稱潮減日, 每月人家有拘忌事, 必過是日, 始相通涉, 人物之有所忌者, 亦過是日而接之.

初五十四二十三日, 稱三敗日, 每月忌百事, 不敢動作, 不宜出行, 蓋自麗俗,
以此三日, 卽君上所用之日, 故臣民不用爲忌日云, 本非敗日也.

2월

二月

초하루

2품 이상 관원인 재신(宰臣)과 국왕의 측근 신하인 시종신(侍從臣)에게 중화척(中和尺)을 나누어준다. 중화척은 반점이 있는 대나무나 잎갈나무로 만든다. 정조 병진년(1796) 당나라 중화절(中和節)의 고사에 따라 시행하였다. 이필(李泌, 722~789)이 정월에 아뢰기를, "그믐을 명절로 삼는 것은 잘못이니, 2월 초하루를 중화절로 삼으소서." 하고, 백관에게 농서(農書)를 바치게 하여 근본에 힘쓰는 뜻을 보였다. 중화척을 나누어주는 것도 이러한 의도이다.

정월 보름에 세워놓은 볏가릿대를 내린다. 흰떡을 만드는데 큰 것은 손가락만 하고 작은 것은 계란만 하게 모두 반달 모양으로 만든다. 콩을 삶아 떡소를 만들고, 솔잎을 사이에 깔고 시루에 넣어 찐다. 꺼내서

철제은상감중화척(鐵製銀象嵌中和尺), 국립중앙박물관 소장.
1796년(정조20) 정조의 명으로 제작하여 신하들에게 나누어주었다.

물로 씻고 향유를 바른다. 송편[松餠]이라고 한다. 노비에게 나이 숫자대로 준다. 세속에서 이날을 '노비날'이라고 한다. 이날부터 농사를 시작하므로 이런 음식을 먹이는 것이다. 떡집에서는 팥, 검은 콩, 푸른 콩을 떡소로 넣기도 하고, 꿀을 섞어 넣기도 하고, 삶은 대추나 익힌 미나리를 떡소로 넣기도 한다. 이달부터 시절 음식으로 삼는다.

집을 청소하고 종이를 잘라 '香娘閣氏速去千里(향낭각씨속거천리: 향랑 각시는 속히 천 리 밖으로 떠나라)' 여덟 글자를 써서 서까래 위에 붙인다. 각시는 우리말로 여자인데, 향랑 각시는 노래기를 가리킨다. 미워하여 쫓아내는 말이다.

경상도 풍속에 집집마다 신에게 제사를 지내는데 영등(靈登)이라고 한다. 신이 무당에게 내려 마을을 돌아다니면 사람들이 다투어 맞이하여 즐긴다. 이달 초하루부터 사람을 꺼려 만나지 않는데, 15일, 20일까지 간다.

제주 풍속에 2월 초하루에 귀덕, 김녕 등지에서는 나무 장대 12개를 세우고 신을 맞이하여 제사지낸다. 애월에 사는 사람은 말머리 모양의 나무 그루터기를 찾아서 알록달록한 비단으로 꾸민다. 그 위에서 말 타는 흉내를 내며 신을 즐겁게 하다가 보름이 되면 그만둔다. 연등(然燈) 이라고 한다.【『동국여지승람』에 보인다.】

❋

중화절은 789년 당나라 덕종(德宗)이 제정한 명절이다. 당시 민간에서는 1월 그믐을 명절로 삼고 있었다. 1월 그믐은 삼짇날, 중양절과 함께 3대 명절이었다. 그러나 그믐을 명절로 삼으면 불길하다는 이필의 건의에 따라 덕종은 2월 1일을 중화절로 제정하였다. 이때 신하들에게 상아로 만든 자[尺]를 하사하였다. 자를 하사하는 행위는 『예기(禮記)』 「월령(月令)」에 근거를 두고 있다. 2월은 밤낮의 길이가 같아지니 도량형을 통일하는 때라는 것이다. 도량형의 통일은 공정한 통치를 의미하기도 한다.

중화절은 우리나라에서 별 의미가 없었다. 그러나 1796년 2월 1일, 정조가 신하들에게 중화척을 하사하고 시를 지어 특별히 기념하였다. 이때 주고받은 시는 『반척갱재축(頒尺賡載軸)』이라는 제목의 책으로 묶였다. 「일득록」에 따르면 "근래 조정 신하들은 충역과 시비, 논의와 출처에 있어 의리를 기준으로 결정하지 않는 경우가 많다. 그러므로 자를 하사한 데는 은미한 뜻이 있으니 행여 알 수 있겠는가." 하였다.[1]

노비날과 향랑각씨 풍속은 『경도잡지』와 『세시풍요』를 제외하면 좀처럼 보이지 않는다. 다만 『용재총화』에 따르면, 이날을 화조(花朝)라고 하여 새벽에 솔잎을 문과 뜰에 뿌린다고 하였는데, 벌레를 쫓기 위해서라고 한다. 송편은 문헌에 따라 삼짇날, 초파일, 단옷날, 유두일의 음식으로 등장하는데, 조수삼의 「세시기」에 2월 초하루의 음식으로 등장한다.

朔日

頒中和尺于宰執、侍從, 尺用斑竹、赤木制之. 健陵丙辰, 蓋修唐中和節故事也. 按李泌正月奏曰, 以晦爲節非也, 請以二月朔爲中和節, 令百官進農書, 以示務本, 頒尺用此意也.

卸下上元禾竿穀, 作白餠, 大者如掌, 小者如卵, 皆作半璧樣. 蒸豆爲餡, 隔鋪松葉於甑內, 蒸熟而出, 洗以水, 塗以香油, 名曰松餠. 饋奴婢如齒數, 俗稱是日爲奴婢日. 東作伊始, 故饗此屬云. 賣餠家, 用赤豆、黑豆、靑豆爲餡, 或和蜜包之, 或以蒸棗、熟芹爲餡, 自是月以爲時食.

灑掃堂宇, 剪紙書香娘閣氏速去千里八字, 貼於椽上. 閣氏者, 東語女子也. 香娘閣氏, 蓋指馬陸也, 惡而辟之之辭也.

嶺南俗, 家家祭神, 名曰靈登, 神降于巫, 出遊村閭, 人爭迎之而樂之. 自是月朔日, 忌人物不接之, 至十五日或二十日.

濟州俗, 二月朔日, 歸德、金寧等地, 立木竿十二, 迎神祭之. 涯月居人得槎形如馬頭者, 餙以彩帛, 作躍馬戲以娛神, 至望日乃止, 謂之然燈.【見輿地勝覽】

2월 기타

초저녁에 삼성(參星)이 달 앞에 있는데, 고삐를 끄는 것처럼 멀리 있으면 풍년의 징조이다. 최식의 『농가언(農家諺)』을 보면 "2월 저녁에 삼성이 서쪽 하늘에 있다." 하였는데, 바로 이것이다.

종묘에 얼음을 바친다. 『예기』 「월령」을 보면 "2월에 천자가 빙고(氷庫)를 열고 먼저 종묘에 얼음을 바친다." 하였는데, 우리나라 제도 역시 그러하다.

20일에 비가 내리면 풍년이 들 징조이다. 조금 흐려도 길조이다.

제주 풍속에 이달은 배 타는 것을 금한다.【『동국여지승람』에 보인다.】

『열양세시기』와 『세시풍요』에는 삼성이 묘성(昴星)으로 되어 있다. 조수삼의 「세시기」에는 '모두(旄頭)'라고 하였는데, 역시 묘성이다. 두 별자리가 가까우므로 혼동한 것으로 보인다. 『동국세시기』, 『열양세시기』, 『세시풍요』는 묘성과 달의 거리가 멀면 풍년의 징조라 하였으나 「세시기」에서는 가까우면 풍년의 징조라고 하였다. 이처럼 내용이 제각각인데다 이들 문헌을 제외하면 묘성과 달의 거리를 보고 풍년을 점친다는 내용을 찾기 어려우므로 민간에 전하는 속설로 보인다. 홍석모는 최식의 『농가언』을 전거로 들었는데, 『농가언』은 판본에 따라 2월이 3월로 되어 있는 것도 있다.

2월 20일의 비가 풍년의 징조라는 것도 문헌적 근거가 없다. 1775년 『승정원일기』에 "20일의 비는 농가에서 풍년의 징조라고 한다."[2] 하였고, 1802년 이인행(李仁行)의 기록에는 "세속에서 전하기를, 2월 20일에 내리는 비는 풍년의 징조라고 한다."[3] 하였다. 이 역시 조선 후기 민간의 속설로 보인다.

月內

初昏見參星, 在月前, 如牽犨, 遠則徵豊. 按崔寔農家諺, 二月昏參星夕是也.

薦氷于太廟, 按禮記月令, 仲春之月, 天子乃開氷先薦寢廟, 國制亦然.

二十日雨, 占豐, 微陰亦吉.

濟州俗, 是月禁乘船.【見輿地勝覽】

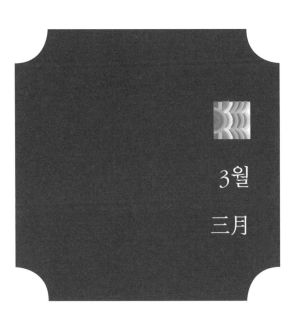

3월

三月

삼짇날

진달래꽃을 따서 찹쌀가루와 섞어 둥근 떡으로 만들고 향유로 익힌 것을 화전(花煎)이라고 한다. 바로 옛날의 오병(熬餠), 한구(寒具)이다. 또 녹두가루를 섞어 익히고 가늘게 썰어 오미자 물을 붓고 꿀을 섞고 잣을 넣은 것을 화면(花麵)이라고 한다. 진달래꽃을 녹두가루와 섞어 만들기도 한다. 또 녹두로 국수를 만들어 붉은색으로 물들여 꿀물에 담근 것을 수면(水麵)이라고 한다. 모두 제철 음식으로 제사에 올린다.

충청도 진천 풍속에 3월 3일부터 4월 8일까지 여인들이 무당을 데리고 우담(牛潭) 옆 동서(東西) 용왕당(龍王堂)과 삼신당(三神堂)에서 아들 낳게 해달라고 비는데, 그 행렬이 끊이지 않는다. 사방의 여인들도 모두 와서 빈다. 구경하는 사람들이 시장처럼 몰려드는데 연례행사이다.

삼짇날은 중양절과 함께 화전놀이로 유명하다. 화전 만드는 법은 여러 문헌에 기록되어 있는데, 떡에 꽃잎을 붙이고 기름에 지지는 방식이 대부분이다. 홍석모가 삼짇날에 지은 시에도 으레 화전이 등장한다.[1]

화면은 일종의 국수이다. 두견화면(杜鵑花麪) 만드는 방법은 『오주연문장전산고』에 자세하다.[2] 잎이 크고 온전한 두견화를 많이 따서 꽃술과 꽃받침을 제거하고 말렸다가 물에 담그면 다시 피어난 것처럼 꽃잎이 일어선다. 물을 버리고 습기만 남긴 채 꽃잎을 덮을 정도로 녹두가루를 뿌린 뒤 뜨거운 물에 살짝 데쳤다가 찬물에 띄운다. 따로 면을 가늘게 뽑아 오미자와 꿀을 탄 물에 넣고 다시 두견화를 띄운다. 계피가루, 잣 십여 개를 넣는다.

진천의 우담에 대해서는 이곳에 살았던 이하곤(李夏坤)의 기록이 자세

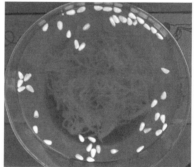

화전(花煎)과 화면(花麪). 국립민속박물관 제공.
삼짇날의 명절 음식이다. 화전은 진달래꽃과 찹쌀가루, 화면은 진달래꽃과 녹두가루를 섞어 만든다.

하다. 우담은 침우담(沈牛潭)이라고도 하는데, 이곳에서 용이 나와 소를 끌고 들어갔다는 전설이 있기 때문에 붙은 이름이다. 가뭄에 비를 빌면 영험이 있다고 알려졌다.[3] 용왕당은 이 용을 제사지내는 곳인 듯한데, 후세에 와전되어 빌면 아들을 낳는다고 알려진 듯하다.

三日

採杜鵑花, 拌糯米粉, 作圓䬾, 以香油煮之, 名曰花煎, 卽古之熬餠, 寒具也. 又拌菉豆粉, 熟而細切, 澆五味子水, 和蜜, 調海松子, 名曰花麵. 或以杜鵑花, 拌菉豆屑爲之. 又造菉豆麵, 或染紅色, 澆蜜水, 名曰水麵, 并以時食供祀.

鎭川俗, 自三月三日, 至四月八日, 女人率巫, 祈子於牛潭上東西龍王堂及三神堂, 絡續不絶. 四方女人亦皆來禱, 而觀者如市, 歲以爲常

청명

느릅나무와 버드나무로 불을 피워 각 관사에 나누어준다. 『주례(周禮)』의 '출화(出火)', 당나라와 송나라의 '사화(賜火)'에서 전해오는 제도이다.

농가에서는 봄갈이를 시작한다.

✲

『경국대전』에 따르면 사계절의 첫날과 6월 말 토왕일(土旺日)에 나무를 비벼 불을 피워 각 전(殿)에 올리고 조정 관원들에게도 나누어준다고 하였다. 불을 피우는 나무는 시기마다 다른데, 입춘에는 느릅나무와 버드나무, 입하에는 대추나무와 은행나무, 토왕일에는 뽕나무와 산뽕

나무, 입추에는 떡갈나무와 참나무, 입동에는 홰나무와 박달나무이다.

청명은 춘분(春分)과 곡우(穀雨) 사이, 즉 4월 5일 무렵으로 24절기의 하나이지만 명절이라 보기는 어렵다. 신후담의 「세시기」에 따르면 한식과 청명은 늘 하루 차이인데, 한식은 명절로 여기지만 청명은 그다지 중시하지 않는다고 하였다.

清明

取楡柳之火, 頒賜各司, 卽周官出火, 唐宋賜火之遺制也.

農家始春耕.

한식

　서울 풍속은 묘소에 가서 술을 붓고 음식을 올린다. 설날, 한식, 단오, 추석의 네 명절에 술, 과일, 포, 젓갈, 떡, 면, 국, 구이 등의 음식을 올리는 제사를 절사(節祀)라고 한다. 선대의 전통과 집안 형편에 따라 차이가 있지만, 한식과 추석이 가장 성대하다. 사방 교외에 남녀의 행렬이 끊이지 않는다.

　당나라 정정칙(鄭正則)의 『사향의(祠享儀)』를 보면 "옛날에는 묘제(墓祭)에 대한 기록이 없는데, 공자는 묘소를 바라보고 철마다 제사지내도 된다고 하였다."라고 하였으니 묘제는 여기서 비롯된 듯하다.

　또 당나라 개원(開元) 연간에 조칙을 내려 한식에 성묘를 허락하였고, 오대(五代)의 후주(後周)에서는 한식에 야제(野祭)를 지내고 지전(紙錢)을 불태웠다. 한식의 묘제는 당나라에서 시작된 것이다. 제나라 사람들은

'냉절(冷節)'이라고 불렀고 또 '숙식(熟食)'이라고도 하였다. 불에 타 죽은 개자추(介子推)를 불쌍히 여겨 불을 금지하던 풍속 때문이다. 지금 설날, 단오, 추석과 함께 4대 명절로 삼는 것은 우리나라 풍속이다. 조정에서는 동지를 합쳐 5대 명절로 삼아 제사를 지낸다.

농가에서는 이날 밭에 씨를 뿌린다.

❁

한식은 춘추시대 개자추 고사에서 비롯된 명절로 알려져 있다. 개자추는 진 헌공(晉獻公)의 아들 중이(仲耳)의 신하였다. 중이는 계모의 박해를 피해 외국으로 망명하였다가 19년 뒤 고국으로 돌아와 임금의 자리에 올랐다. 그가 바로 문공(文公)이다. 문공은 기나긴 망명 기간 동안 자신을 도운 신하들에게 상을 내렸으나 개자추에게는 아무런 상도 내리지 않았다. 실망한 개자추가 산속에 숨자 뒤늦게 잘못을 깨달은 문공은 그를 나오게 하려고 산에 불을 질렀다. 그러나 개자추는 끝내 나오지 않고 불에 타 죽고 말았다. 이로 인해 매년 이날은 불을 피우지 않고 차가운 음식을 먹는[寒食] 풍속이 생겼다는 것이다. 널리 알려진 이야기지만 역사적 사실은 아니다. 『춘추좌씨전』에 따르면 개자추가 돌아오지 않은 것은 사실이지만 불에 타 죽은 것은 아니다.

한식을 전후한 시기에 불을 피우지 않는 풍습은 춘추시대 이전부터 존재하였다. 『주례』에 불을 관리하는 관직인 사훤(司烜)에 대한 설명이 있는데, "중춘(中春)에 딱다기를 치며 도성에서 불 피우는 것을 금지한다." 하였다. 이 무렵은 불이 번지기 쉬우므로 금지한 것이다. 조선 문인들도 이 사실을 잘 알고 있었다. 『택당집(澤堂集)』을 비롯하여 한식의 기원이 개자추와 무관하다는 기록은 적지 않다.[4] 냉절은 차가운 날이라는 뜻이며, 숙식이라는 명칭은 미리 음식을 익혀두었다가 먹는다는 의미이다. 조선 사회에서 한식은 추석과 함께 성묘하는 날로 인식되었으며, 이는 중국과 사뭇 다른 점이다.

寒食

都俗, 上墓澆奠, 用正朝、寒食、端午、秋夕四名節, 以酒果脯醢餅麵臛炙之羞祭之, 曰節祀. 有從先稱家之異, 而寒食、秋夕最盛. 四郊士女, 綿絡不絶. 按唐鄭正則祠享儀云, 古者無墓祭之文, 孔子許望墓以時祭祀, 墓祭蓋出於此. 又按唐開元勅許寒食上墓, 五代後周, 寒食野祭而焚紙錢, 寒食墓祭, 自唐而始也. 齊人呼爲冷節, 又曰熟食, 蓋以子推焚死, 傷憐禁火之遺俗也. 今之與正朝、端午、秋夕爲四節祀, 卽東俗也. 朝家則并冬至爲五節享.

農家以是日下田圃種子.

3월 기타

녹두묵[菉豆泡]을 만들어 가늘게 썰고 돼지고기, 미나리, 김을 섞어 초장을 넣으면 매우 시원하여 늦봄에 먹을 만하다. 이를 탕평채(蕩平菜)라고 한다.

끓는 물에 계란을 넣고 반쯤 익혀 초장을 넣은 것을 수란(水卵)이라고 한다.

누런 모시조개와 조기로 국을 끓여 먹는다.

밴댕이는 안산(安山)의 든바다에서 난다. 웅어는 속명이 위어(葦魚)인데 한강 하류의 고양 행주에서 잡힌다. 늦봄에 사옹원(司饔院) 관원이 그물로 잡아서 진상하며, 생선장수들이 거리를 다니며 소리치며 파는데 횟감으로 쓴다.

복숭아꽃이 지기 전에 복어에 미나리, 기름, 장을 넣고 국으로 만들면 맛이 매우 좋다. 노호(露湖, 노량진)에서 나는 것이 가장 먼저 시장에 들어온다. 그 독을 꺼리는 사람은 도미를 대신 넣고 끓이는데, 도미 역시 맛있는 제철 생선이다. 마를 캐어 삶아 먹거나 꿀을 섞어 절편으로 만들어 먹기도 한다.

술 파는 집에서는 과하주(過夏酒)를 만들어 판다. 술 이름은 소국주(小麴酒), 두견주(杜鵑酒), 도화주(桃花酒), 송순주(松筍酒)가 있는데 모두 봄에 빚는 좋은 술이다. 소주(燒酒)는 공덕(孔德)의 독막[甕幕]에서 만드는 삼해주(三亥酒)⁵가 있다. 수백에서 천 동이를 빚는데 가장 이름난 것이다. 평안도의 감홍로(甘紅露), 벽향주(碧香酒), 황해도의 이강고(梨薑膏), 전라도의 죽력고(竹瀝膏), 계당주(桂當酒), 충청도의 노산춘(魯山春)은 모두 좋은 술이며 선물로 보내는 경우도 있다.

떡집에서는 멥쌀가루로 방울 모양의 희고 작은 떡을 만들어 콩을 넣고 머리를 오므린 다음 방울 모양 위에 오색을 붙인다. 그리고 구슬을 꿴 것처럼 다섯 개를 이어 붙인다. 푸른색이나 흰색으로 반달 모양의 떡을 만들기도 한다. 작은 것은 다섯 개를 이어 붙이고, 큰 것은 두세 개를 이어 붙이는데, 모두 산병(散餠)이라고 한다. 또 오색의 둥근 떡, 소나무 껍질과 쑥으로 만든 둥근 떡이 있는데, 환병(環餠)이라고 한다. 큰 것은 말굽떡[馬蹄餠]이라고 한다. 또 찹쌀에 대추 과육을 섞어 시루떡[甑餠]을 만드는데, 모두 봄철의 제철 음식이다.

『세시잡기』를 보면 "두 차례 사일(社日)에 떡을 먹는데 대추로 만든다." 하였는데, 지금 풍속도 그러하다. 남산 아래에 술을 잘 빚는 곳이 있고, 북부(北部)에는 좋은 떡을 만드는 곳이 많으므로 도성 사람들은

'남주북병(南酒北餠)'이라고 한다.

네 번의 오일(午日)에 거듭 술을 빚으면 봄이 지나야 익는데, 한 해가 지나도록 상하지 않는다. 이를 사마주(四馬酒)라고 한다. 동악(東岳) 이안눌(李安訥, 1571~1637)이 남궁적(南宮績)의 사마주를 마시고 지은 시에, "그대 집의 이름난 술은 한 해 동안 보관했으니, 빚는 법은 응당 옥해주(玉薤酒)[6]에서 전해 받았겠네." 하였다.

민가에서는 뽕을 따서 누에를 친다.

채소 장수가 새로 나온 배추를 짊어지고 무리지어 다니며 소리치며 파는데, 청근상(靑根商)이라고 한다. 순무가 새로 나오면 또 소리치며 파는데, 제철 음식이다.

서울 풍속에 산과 물로 놀러나가는 것을 화류(花柳)라고 하는데, 상사일(上巳日) 답청에서 유래한 풍속이다. 인왕상 아래 필운대(弼雲臺)의 살구꽃, 혜화문 밖 북둔(北屯)의 복숭아꽃, 흥인문 밖의 버들이 가장 뛰어난 경치인데 사람들이 많이 모인다.

서울과 지방의 무사 및 마을 사람들이 과녁을 세우고 짝을 지어 활쏘기로 승부를 겨루고 술을 마시며 즐긴다. 가을에도 이렇게 한다.

〈북일영도(北一營圖)〉, 고려대학교 박물관 소장.
한양 배오개[梨峴]에 있던 훈련도감의 병영이다. 답청의 명승지로 유명하였다.

처녀들은 생풀 한줌을 뜯어 땋은 머리를 만들고, 나무를 깎아 그 위에 씌우고 붉은 치마를 입히는데, 각시[閣氏]라고 한다. 이부자리와 베개, 병풍을 차려놓고 논다.

아이들은 버들가지를 꺾어 피리를 만들어 부는데 버들피리[柳笙]라고 한다.

강릉 풍속에 노인을 공경하여 항상 좋은 날이면 일흔 넘은 노인들을 초청하여 명승지에 모아놓고 위로하니, 청춘경로회(靑春敬老會)라고 한다. 미천한 하인이라도 일흔이 넘으면 모두 모임에 나오도록 허락한다. 【『동국여지승람』에 보인다.】

경주 풍속에 봄부터 사계절 놀러가는 곳을 사절유택(四節遊宅)이라고 한다. 봄에는 동야택(東野宅), 여름에는 곡양택(谷良宅), 가을에는 구지택(仇知宅), 겨울에는 가이택(加伊宅)이다. 【『동국여지승람』에 보인다.】

남원 풍속에는 봄이면 고을 사람들이 용담(龍潭)이나 율림(栗林)에 모여 술 마시고 활 쏘며 예를 행한다. 【『동국여지승람』에 보인다.】

전라도 용안(龍安: 지금의 익산) 풍속에 읍내 사람들은 봄이 되면 도구를 준비하여 향음주례(鄕飮酒禮)를 행한다. 나이 80~90세가 한 자리, 60~70세가 한 자리, 50세 이하가 한 자리에 나이 순서대로 앉고, 사람을 시켜 맹세하는 글을 읽게 한다. 그 내용은 다음과 같다.

"부모에게 불효한 자는 내쫓고, 형제간에 화목하지 않은 자는 내쫓고, 친구 간에 신의가 없는 자는 내쫓고 조정의 정사를 헐뜯는 자는 내쫓고, 수령을 비방하는 자는 내쫓는다. 첫째는 덕행을 서로 권장하고, 둘째는 잘못을 서로 바로잡고, 셋째는 예속을 서로 완성하고, 넷째는 환난을 서로 구제한다. 동향 사람들은 각기 효성과 우애, 충성과 신의를 다하여 모두 후한 덕을 쌓는다."

읽기를 마치면 모두 두 번 절하고 향음주례와 향사례를 행한다. 가을에도 이와 같이 한다.【『동국여지승람』에 보인다.】

제주 풍속에 봄철마다 남녀가 광양당(廣壤堂)과 차귀당(遮歸堂)에 모여 술과 고기를 갖추어 신에게 제사를 지낸다. 그곳에는 독사와 지네가 많은데, 만약 회색 뱀을 보면 차귀당의 신령이라 하여 죽이지 못하게 금지한다. 가을에도 이와 같이 한다.【『동국여지승람』에 보인다.】

충청도 청안(지금의 괴산) 풍속에 3월 초에 고을의 수리(首吏)가 고을 사람들을 데리고 동면(東面) 장압산(長鴨山)의 큰 나무에서 국사신(國師神) 부부를 맞이하여 읍내로 들어온다. 무당에게 술과 음식을 차리고 시끄럽게 징과 북을 치게 하여 관아와 각 청사에서 제사를 지내는데, 20여 일이 지나면 신령을 나무로 돌려보낸다. 3년에 한 번씩 행한다.

3월의 봄나들이를 중국의 상사일 답청에서 유래한 풍속이라고 하였다. 답청의 기원은 『예기』「월령」의 "입춘일에 천자(天子)가 삼공(三公), 구경(九卿), 제후(諸侯), 대부(大夫)를 거느리고 동교(東郊)에서 봄을 맞이한다."라는 기록이다. 이 무렵 야외에서 목욕을 하며 액운을 쫓는 불계(祓禊) 역시 오랜 유래를 가진 풍속이다. 진(眞)나라 때 왕희지를 비롯한 42명의 문인이 난정(蘭亭)에 모여 불계를 한 뒤 시를 짓고 술을 마신

행사, 즉 난정수계(蘭亭修禊)가 특히 유명하다. 정조는 이 고사에 따라 1788년부터 봄이면 규장각 각신들과 궁궐 후원에서 꽃구경, 낚시, 시짓기, 활쏘기 등 여러 유희를 즐겼다. 그 배경에는 태평성대를 분식하기 위한 정치적 의도가 있었던 것으로 보인다.[7] 『세시풍요』에서도 화월회(花月會: 화류)의 기원이 난정수계라고 하였다.

조수삼의 「세시기」에 따르면 3월 10일부터 꽃이 피기 시작하면 필운대(弼雲臺), 육각정(六角亭), 도화동(桃花洞), 북둔(北屯)에 남녀가 모여들어 하루 종일 술을 마시며 노니는데, 이를 화류라 부른다고 하였다. 화류는 정명도[程明道, 정호(程顥, 1032~1085)]의 시구 "꽃 찾고 버들 따라 앞 시내를 지나간다.[訪花隨柳過前川]"에서 따온 것이다. 화류는 늘 열흘 동안 이어진다고 하였다.

『용재총화』에서 도성 내의 승경을 거론하면서, 인왕동(仁王洞), 사현(沙峴) 이남과 모화관(慕華館) 사이를 도성 사람들이 모여 활쏘기하는 곳으로 소개하였다. 이 밖에 삼짇날과 중양절에 활쏘기를 했다는 기록이 더러 보인다.

각시놀이[閣氏]에 대한 기록은 『오주연문장전산고』에 보인다.[8] 보리잎을 따서 수수깡에 붙이고, 땋은 머리를 만든다. 옷을 만들어 입히는 것은 물론, 경대, 침구, 솥을 비롯한 살림살이를 만들어 가지고 논다고 하였다. 이규경은 중국의 자고놀이[紫姑戲]에서 유래하였다고 하였으나 보편적인 풍속으로 보는 것이 타당하다.

月內

　　造菉豆泡, 縷切和猪肉、芹苗、海衣, 用醋醬衝之極凉, 春晚可食, 名曰蕩平菜. 入鶏子於滚湯, 半熟和醋醬, 名曰水卵. 以黃芋蛤、石首魚作湯食之. 蘇魚產安山內洋, 紫魚俗名葦魚, 產漢江下流高陽幸洲. 春末, 司饔院官網捕進供, 漁商遍街呼賣, 以爲膾材. 桃花未落, 以河豚和青芹、油醬爲羹, 味甚珍美, 產於露湖者, 最先入市, 憚其毒者, 代以秃尾魚蒸, 秃尾亦時鮮之佳品. 採薯蕷蒸食, 或和蜜作片食之. 賣酒家造過夏酒以賣, 酒名小麴、杜鵑、桃花、松筍, 皆春釀之佳者. 燒酒則孔德甕幕之間, 三亥酒, 甕釀千百, 最有名稱, 關西甘紅露、碧香酒、海西梨薑膏、湖南竹瀝膏、桂當酒、湖西魯山春, 皆佳品, 亦有餉到者. 賣餅家造粳米白小餅如鈴形, 入豆餡捻頭粘五色於鈴上, 連五枚如聯珠, 或造青白半圓餅, 小者連五枚, 大者連二三枚, 摠名曰饊餅. 又造五色圓餅、松皮青蒿圓餅, 名曰環餅, 大者稱馬蹄餅, 又以糯米和棗肉, 造飯餅, 皆春節時食也. 按歲時雜記, 二社尚食糕以棗爲之, 今俗亦然. 南山下善釀酒, 北部多佳餅, 都俗稱南酒北餅.

　　用四午日重釀酒, 經春乃熟, 周歲不敗, 名曰四馬酒. 李東岳安訥飲南宮績四馬酒詩曰: "君家名酒貯經年, 釀法應從玉薤傳."

　　人家伐桑養蠶.

　　賣菜漢, 負崧根新芽, 成群叫賣, 謂之青根商, 蔓菁新出, 又叫賣, 以爲時食.

都俗出遊於山阿水曲, 謂之花柳, 卽上巳踏靑之遺俗也, 弼雲臺杏花、北屯桃花、興仁門外楊柳, 其最勝處, 多集于此.

京外武士及里民, 張侯分耦爲射會, 以賭勝負, 飮酒爲樂, 秋節亦然.

女娘採取靑草盈把者作髻, 削木而加之, 着以紅裳, 謂之閣氏, 設褥席枕屛以爲戲.

兒童折柳枝, 作觱篥以吹之, 謂之柳笙.

江陵俗, 敬老每値良辰, 請年七十以上, 會于勝地以慰之, 名曰靑春敬老會. 雖僕隷之賤, 登七旬者, 皆許赴會.【見輿地勝覽】

慶州俗自春以四時遊賞之地, 爲四節遊宅, 春東野宅, 夏谷良宅, 秋仇知宅, 冬加伊宅.【見輿地勝覽】

南原俗, 州人當春, 會于龍潭若栗林, 飮酒射侯以爲禮.【見輿地勝覽】

龍安俗, 邑人當春節, 辦具爲鄕飮酒禮, 年八九十者一位, 六七十者一位, 五十以下一位, 序以齒, 令人讀誓文曰："父母不孝者黜, 兄弟不和者黜, 朋友不信者黜, 謗訕朝政者黜, 非毁守令者黜, 一曰德業相勸, 二曰過失相規, 三曰禮俗相成, 四曰患難相恤, 凡同鄕之人, 各盡孝友忠信, 咸歸于厚." 讀訖, 俱再拜

以行飮射之禮, 秋節又如之.【見輿地勝覽】

濟州俗, 每於春節, 男女群聚廣壤堂、遮歸堂, 具酒肉祭神. 又地多蛇虺、蜈蚣, 若見灰色蛇, 則以爲遮歸之神, 禁不殺, 秋亦如之.【見輿地勝覽】

淸安俗, 三月初縣首吏率邑人, 迎國師神夫婦於東面長鴨山上大樹, 入于邑內, 用巫覡具酒食, 錚鼓喧轟, 行神祀於縣衙及各廳, 至卄餘日後, 還其神於樹, 而間二年行之.

4월

四月

초파일

8일은 욕불일(浴佛日)이다. 우리나라에는 이날 등불을 켜는 풍속이 있
는데, 등석(燈夕)이라고 한다. 며칠 전부터 민가에서는 각기 등을 매다
는 장대를 세우는데, 꼭대기에 치미(雉尾)¹를 세우고 색깔 있는 비단으
로 깃발을 만든다. 가난한 집은 장대 끝에 오래된 소나무를 매다는 경
우가 많다. 집안의 자녀 수대로 등을 매달고, 밝으면 길하다고 여긴다.
9일이 되어서야 그만둔다.

사치한 사람은 큰 대나무 수십 개를 묶고, 또 한강에서 돛대를 짐말
로 실어 와서 붕(棚: 산대)을 만든다. 해와 달 모양으로 둥글게 만든 일
월권(日月圈)을 꽂아 바람 따라 현란하게 돌아가기도 하고, 회전하는 등
을 매달아 구르는 공처럼 왔다 갔다 하기도 한다. 종이에 화약을 싸서
줄에 매달아 터뜨리면 신기전(神機箭)처럼 올라가면서 불씨가 비처럼 쏟

아지기도 한다. 종잇조각 수십 줌을 매달아 용처럼 휘날리기도 한다. 광주리를 매달기도 하고 허수아비를 만들어 옷을 입히고 줄을 매어 움직이기도 한다. 저자에 늘어선 산대는 높이를 다투는데, 노끈 수십 가닥을 펼쳐서 일으켜 세운다. 왜소한 것이 있으면 모든 사람들이 비웃는다.

『고려사』를 보면 "대궐과 도성, 시골에 이르기까지 정월 보름부터 이틀 밤 동안 등을 켜는데, 최이[崔怡, ?~1249: 최우(崔瑀)의 개명]는 4월 8일에 등을 켰다." 하였다. 정월 대보름의 연등은 원래 중국의 제도이고 고려의 풍속이었는데 지금은 폐지되었다. 또 『고려사』를 보면 "우리나라 풍속에 4월 8일은 석가탄신일이니 집집마다 등을 켠다. 수십 일 전부터 아이들이 종이를 잘라 장대에 꽂아서 깃발을 만들고 성안 거리를 돌아다니면서 소리치며 쌀과 베를 구하여 비용을 마련하는데, 이를 호기(呼旗)라고 한다." 하였다. 지금 풍속에 등을 거는 장대에 깃발을 다는 것은 호기의 풍습이 남아 있는 것이다. 반드시 8일에 하는 것은 최이로부터 시작되었다.

등의 이름은 서고등(西苽燈), 산자등(蒜子燈), 연화등(蓮花燈), 칠성등(七星燈), 오행등(五行燈), 일월등(日月燈), 구등(毬燈), 선등(船燈), 종등(鍾燈), 고등(鼓燈), 누각등(樓閣燈), 난간등(欄干燈), 화분등(花盆燈), 교자등(轎子燈), 산류등(山樏燈), 병항등(瓶缸燈), 영등(鈴燈), 난등(卵燈), 용등(龍燈), 봉등(鳳燈), 학등(鶴燈), 이등(鯉燈), 귀등(龜燈), 별등(鼈燈)이 있고, 수복태평(壽福太平), 만세남산(萬歲南山) 따위의 글자를 써넣은 등이 있다. 모두 모양을 만들고 종이를 바른다. 붉고 푸른 비단에 운모(雲母)를 넣고 신선과 꽃, 새 모양으로 장식하며, 각 면과 각 모서리에 모두 길고 짧은 삼색 종이를 붙여 펄럭이게 한다. 고등에는 장군이 말을 탄 모습 이나 『삼국지』 고사를 그리는 경우가 많다. 또 영등(影燈)이라는 것이 있 는데, 속에 돌아가는 기구를 설치하고 종이를 오려 사냥말, 매, 개, 범, 이리, 사슴, 노루, 토끼, 꿩 모양을 만들고 기구에 붙였다. 바람이 불어 서 돌면 밖에서 그 그림자를 볼 수 있다.

동파가 오군채(吳君采)에게 보낸 편지에 "영등은 아직 본 적이 없으나 그걸 보느니 『삼국지』를 한 번 읽는 것이 어떤가."[2]라고 하였으니, 이 역 시 『삼국지』의 고사로 그림자를 만든 것이 분명하다. 또 범석호의 「상원 기오중절물배해체(上元紀吳中節物俳諧體)」 시에 "그림자가 돌아가니 말이 종횡으로 달린다."라고 하였는데, 주석에 말 탄 사람의 모습을 그린 등 이라고 하였으니, 송나라 때부터 이렇게 만드는 방법이 있었던 것이다.

시장에서 파는 등은 천태만상이고 오색이 영롱한데 값이 비싸고 신 기하다. 종가에는 구경꾼이 담장처럼 서 있다. 또 전설 속의 새인 난새, 학, 사자, 범, 거북, 사슴, 잉어, 자라를 신선과 선녀가 타고 있는 모습 을 만들기도 하는데, 아이들이 너도나도 사서 가지고 논다.

연등일 저녁이 되면 관례적으로 야간 통행금지를 느슨히 하여 도성 남녀가 모두 나와 초저녁부터 남북의 산기슭에 올라가서 매달아 놓은 등을 구경한다. 어떤 이는 악기를 가져와 거리를 다니며 놀기도 한다. 사람이 바다를 이루고 도성이 불타는 듯한데 밤새도록 시끌벅적하다. 시골 노파들은 손을 잡고 너도나도 오는데 반드시 잠두봉에 올라 구경 한다. 아이들은 제각기 등을 건 장대 아래에서 석남(石楠) 잎을 넣은 시루떡과 삶은 검정콩, 삶은 미나리 등을 차려놓는다. 이것은 부처가 태어난 날 소식을 차려놓고 손님을 초청하여 즐기는 것이라고 한다. 또 동이에 물을 담고 바가지를 띄워놓고 빗자루로 두들기며 진솔한 소리를 내는데, 수부희(水缶戱)라고 한다. 장원(張遠)의 『오지(隩志)』에 "서울 풍속에 부처의 이름을 부르는 사람은 그때마다 콩으로 그 숫자를 센다. 4월 8일 부처가 태어난 날이 되면 콩을 삶아 소금을 조금 치고 길 가는 사람을 불러 먹기를 청하며 인연을 맺은 것으로 삼는다." 하였다. 지금 풍속에 콩을 삶는 것은 여기서 비롯된 것이다.

또 『제경경물략』에 "정월 대보름 밤에 아이들이 저녁부터 새벽까지 북을 두드리는데, 태평고(太平鼓)라고 한다." 하였다. 지금 풍속의 수부(水缶)는 태평고의 뜻과 비슷하다. 부처가 태어난 날을 등석(燈夕)이라 하므로 옮겨서 하는 것이다.

❀

초파일은 향수를 끼얹어 불상을 씻는 날이라는 뜻으로 욕불일이라 불렀다. 『열반경(涅槃經)』에 따르면 석가모니가 열반에 들었을 때 다비를 마치고 사리를 수습하여 항아리에 넣자, 신인(神人)들이 하늘에서 내려와 꽃을 흩날리고 음악을 연주하며 성 주위 12리에 한 걸음 간격으로 연등을 밝혔다고 한다. 이것이 연등의 기원이다.

연등은 본디 불교가 아니라 도교의 풍속이라는 설도 있다. 한 무제는 도교의 신에게 제사지내기 위해 밤새 연등을 설치하였으며, 당나라

때는 정월 대보름이면 성대한 연등놀이를 벌였다고 하는데, 이 역시 도교 행사의 일환이었다는 것이다.[3]

반면 우리나라의 경우, 고려 태조가 「훈요십조(訓要十條)」에서 "연등은 부처님을 섬기는 것이다."라고 한 점으로 미루어 일찍부터 불교 행사로 자리 잡은 듯하다. 고려 초에는 중국과 같이 정월 대보름에 연등놀이를 하였는데, 그 뒤 석가모니가 열반에 든 2월 15일에 하는 것으로 바뀌었다. 홍석모는 『고려사』를 근거로 4월 초파일의 연등놀이가 1245년 최이로부터 시작되었다고 보았는데, 전국적인 풍속으로 자리 잡는 데는 시간이 걸렸던 듯하다. 『오주연문장전산고』에 따르면, 4월 초파일로 바뀐 것은 공민왕 때 신돈(辛旽)의 건의에 따른 것이라고 한다.[4] 『고려사』에 기록된 '호기(呼旗)'의 풍속은 『용재총화』에도 실려 있는 점으로 미루어, 조선 초기까지 성행한 것으로 보인다.

초파일의 연등놀이는 석가모니의 탄생을 기념하는 의미에서 시작되었지만, 경건한 종교행사라기보다는 축제에 가깝다. 고려시대 석가탄신일에는 임금부터 백성에 이르기까지 모든 사람들이 밤새도록 술과 음악, 놀이를 즐겼다. 연등일은 '등을 매달고 실컷 마시는 날[懸燈痛飮]'로 인식되었다.[5] 홍석모의 시에서도 초파일은 밤새 연등이 환하게 비추는 가운데 백성이 한껏 즐기는 날로 묘사되었다.

오늘날 각 종교의 명절마다 경건한 본뜻은 사라지고 행락이 난무한다고 우려하는 목소리가 높다. 그러나 이것은 오해이다. 종교의 명절은 예로부터 사회 구성원의 휴식과 화합을 위한 축제였다.

八日

八日卽浴佛日, 東俗以是日燃燈, 謂之燈夕. 前數日, 人家各竪燈竿, 頭建雉尾, 色帛爲旗, 小戶則竿頭多結老松. 計家內子女人口, 懸燈以明亮爲吉, 至九日乃止. 侈者縛大竹累十, 又駄致五江檣桅而成棚, 或揷日月圈, 隨風眩轉, 或懸轉燈, 往來如走丸, 或紙包火藥, 而繫於索, 衝上如乘機箭, 火脚散下如雨, 或繫紙片幾十把, 飄揚如龍形, 或懸筐筥, 或作傀儡, 被以衣裳, 繫索而弄之. 列廛之棚, 務勝競高, 張數十索邪許引起, 矮小者人皆嗤之. 按高麗史, 王宮國都以及鄕邑, 正月望燃燈二夜, 崔怡於四月八日燃燈, 上元燃燈本是中國之制, 而麗俗今已廢矣. 又按高麗史, 國俗以四月八日是釋迦生日, 家家燃燈, 前期數旬, 群童剪紙注竿爲旗, 周呼城中街里, 求米布爲其費, 謂之呼旗. 今俗燈竿揭旗者, 呼旗之遺也. 必以八日肇, 自崔怡也. 燈名西苽, 蒜子, 蓮花, 七星, 五行, 日月, 毬, 船, 鍾, 鼓, 樓閣, 欄干, 花盆, 轎子, 山樏, 瓶缸, 鈴, 卵, 龍, 鳳, 鶴, 鯉, 龜, 鼈, 壽福太平, 萬歲南山等字燈, 皆象形紙塗, 或用紅碧紗嵌雲母, 餙飛仙花鳥, 面面稜稜, 皆粘三色卷紙片紙, 旖旎聯翩, 鼓燈多畫將軍騎馬三國故事. 又有影燈, 裏設旋機, 剪紙作獵騎, 鷹, 犬, 虎, 狼, 鹿, 獐, 雉, 兎狀, 傅於機, 爲風炎所轉, 外看其影. 按東坡與吳君采書云, 影燈未嘗見, 與其見此, 何如一閱三國志耶. 此必以三國故事作影也. 又按范石湖上元吳下節物俳體詩, 轉影騎縱橫, 註云馬騎燈, 蓋自宋時已有此制也. 市燈所賣, 千形百狀, 五彩絢爛, 重價衒奇, 鍾街上觀者如堵. 又造鸞, 鶴, 獅, 虎, 龜, 鹿, 鯉, 鼈, 仙官, 仙女跨騎之狀, 群童競買而弄玩. 至燃燈之夕, 例弛夜禁, 士女傾城, 初昏遍登南北麓, 觀懸燈, 或携管絃, 沿街而遊, 人海火城, 達夜喧闐, 鄕外村婆, 提挈爭來, 必登蠶頭觀之. 兒童各於燈竿下設石楠葉甑餠、蒸黑豆、烹芹菜, 云是佛辰茹素延客而樂. 又泛瓢於盆水用帚柄叩, 而爲眞率之音, 謂之水缶戲. 按張遠隩志, 京師俗念佛號者, 輒以豆識其數, 至四月八日佛誕生之辰, 煮豆微撒以鹽邀人于路, 請食之, 以爲結緣也, 今俗煮豆蓋昉於此. 又按帝京景物略, 元夕童子撾皷旁夕向曉曰太平皷, 今俗水缶, 似是太平皷之意, 而以佛日爲燈夕, 故移用之也.

4월 기타

떡집에서는 찹쌀가루를 찧어 조각내고 여러 번 발효시켜 방울 모양으로 만든다. 술을 부어 삶은 콩으로 만든 소에 꿀을 섞고 방울 속에 넣는다. 방울 위에는 대추의 살을 붙인다. 찐떡[蒸餠]이라고 한다. 푸른 색과 흰색이 있는데, 푸른 것은 당귀잎 가루를 넣은 것이다.

『예원자황(藝苑雌黃)』을 보면 "한식에 밀가루로 찐떡 모양을 만들고 둥근 대추를 붙인 것을 대추떡[棗餻]이라고 한다." 하였다. 지금 풍속은 여기서 비롯된 것이다. 또 방울처럼 발효시키지 않고 조각낸 대로 쪄서 먹기도 한다. 삼짇날 화전처럼 노란 장미꽃을 따서 떡을 만들고 기름에 지져 먹기도 한다. 생선을 가늘게 썰어서 익혀 고채(苽菜), 국화잎, 파, 석이버섯, 익힌 전복, 계란을 섞어 만든 것을 어채(魚菜)라고 한다. 또 생선을 두껍게 썰어 조각으로 만들고 고기 속을 넣어 익힌 것을 어만두

(魚饅頭)라고 한다. 모두 초장에 섞어 먹는다. 삶은 미나리에 파를 넣고 회를 만들어 산초와 간장으로 간을 하여 술안주로 먹기도 하는데, 모두 초여름의 계절 음식이다.

처녀와 어린아이는 모두 봉선화에 백반을 섞어 손톱을 물들인다.

경상도 웅천(지금의 진해시 웅천동) 풍속에 고을 사람들이 4월이면 웅산신당(熊山神堂)에서 신을 맞이하여 산에서 내려와 풍악을 연주하고 각종 놀이를 하는데, 원근의 사람들이 다투어 와서 제사를 지낸다. 10월에도 이렇게 하며 일상으로 여긴다.【『동국여지승람』에 보인다.】

✴

조선 중기 문인인 고상안(高尙顏, 1553~1623)의 문집 『태촌집』을 보면 대추떡[棗糕], 밤떡[栗糕], 감떡[柿糕], 찐떡[蒸餠] 등의 명칭이 보인다.[6] 허균이 1611년 우리나라 각 지역의 이름난 음식을 맛보고 품평한 책 『도문대작』에 따르면 찐떡은 사시사철 만들어 먹는 것이라고 하였다.[7] 이익은 『성호사설(星湖僿說)』에서 『예원자황』을 인용하고 우리나라에도 찐떡이 있다고 하였는데, 팥가루로 소를 넣고 겉에 대추를 붙인 것은 고명(糕銘), 작고 둥근 떡에 꿀을 발라 잘게 썬 대추를 붙인 것을 잡과병(雜果餠)이라고 하였다.[8]

봉선화로 손톱을 물들이는 풍속은 원대(元代) 양유정(楊維楨)의 시 및 명대(明代) 오언광(吳彦匡)의 『화사(花史)』 등에 보인다. 허난설헌의 「봉선화로 손가락을 물들이는 노래[染指鳳仙花歌]」에 양유정의 시와 비슷한 시구가 많은데, 실제 풍속을 묘사했다기보다는 본떠 지은 듯하다.[9]

月內

賣餅家用糯米粉, 打成一片, 累累起酵如鈴形, 以酒蒸溲豆餡和蜜, 入於鈴內, 粘棗肉於鈴上, 名蒸餅. 有靑白兩色, 靑者用當歸葉屑也. 按藝苑雌黃, 寒食以麵爲蒸餅樣, 團棗附之, 名曰棗䭑, 今俗沿于是. 又不起鈴而蒸片食之, 採黃薔薇花作䭑油煎以食, 如三日花煎. 以魚鮮細切熟之, 雜苽菜, 菊葉, 葱芽, 石耳, 熟鰒, 鷄卵, 名曰魚菜. 又厚切作片, 包肉餡而熟之, 名曰魚饅頭, 幷和醋醬食之. 以烹芹和葱作膾, 調椒醬, 爲酒肴食之, 皆初夏時食也.

女娘及小童, 皆以鳳仙花調白礬, 染指甲.

熊川俗, 熊山神堂, 土人每四月迎神, 下山陳鍾鼓雜戱, 遠近爭來祭之. 十月又如之, 以爲常.【見輿地勝覽】

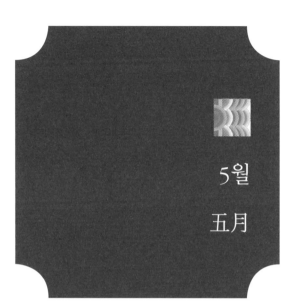

5월

五月

단오

    각신에게 애호(艾虎)를 나누어준다. 비단으로 만든 꽃을 작은 짚으로 묶어 갈대 이삭처럼 더부룩하게 만든다. 『세시잡기(歲時雜記)』를 보면 "단오에 쑥으로 범 모양을 만들거나 비단을 오려 작은 범을 만들고 쑥 잎을 붙여 머리에 이고 다닌다." 하였는데, 우리나라 제도는 여기서 비롯되었다.

    공조(工曹)에서 단오선(端午扇)을 만들어 바치면 대궐의 하인인 궁액(宮掖), 재신, 시종신에게 나누어준다. 가장 큰 부채는 흰 대나무 살이 40, 50개나 되는데, 백첩선(白貼扇)이라고 한다. 옻칠을 한 것을 칠첩선(漆貼扇)이라고 한다. 이것을 얻으면 금강산 1만 2천 봉을 그리는 경우가 많다. 광대나 무당이 손에 들기도 한다. 요즘은 꺾은 가지, 복숭아

꽃, 연꽃, 나비, 은붕어, 해오라기를 그리기 좋아한다. 『계암만필(戒菴漫筆)』을 보면 "단오에 도성 관원들에게 궁중의 부채를 하사하는데, 대나무 살에 종이를 바른 것이다. 모두 새를 그리고 오색 비단으로 애호를 감싼다." 하였는데 바로 이것이다.

전라도와 경상도 두 도의 관찰사 및 통제사는 절선(節扇)을 진상하고 으레 조정 관원과 친지들에게도 보낸다. 부채 만드는 고을의 수령도 진상하고 증여한다. 전주와 남평에서 만드는 것이 좋다.

승두선(僧頭扇), 어두선(魚頭扇), 사두선(蛇頭扇), 합죽선(合竹扇), 반죽선(斑竹扇), 외각선(外角扇), 내각선(內角扇), 삼대선(三臺扇), 이대선(二臺扇), 죽절선(竹節扇), 단목선(丹木扇), 채각선(彩角扇), 소각선(素角扇), 광변선(廣邊扇), 협변선(狹邊扇), 유환선(有環扇), 무환선(無環扇) 등 만드는 모양이 각기 다르다. 오색 및 자색, 녹색, 흑청색, 운암색, 석린색 등 여러 색깔이 완비되어 있다. 민간에서는 흰색과 검은색과 황칠 또는 흑칠을 붙인 것, 기름 먹인 것을 좋아한다. 푸른색은 신랑, 흰색은 상을 당한 사람, 다른 여러 가지 색깔은 부인 것이다. 아이들이 들고 다니는 둥근 부채는 오색이 있고, 또 오색을 번갈아 붙여 알록달록한 것도 있다. 오동잎, 연잎, 연꽃, 파초잎과 비슷한 것도 있다. 기름을 바르기도 하고 황칠이나 흑칠을 한 것도 있는데, 남자가 집에서 부친다. 색깔 부채는 부녀자와 어린아이가 갖는다.

또 색종이를 바르고 대나무 살 간격이 넓은 둥근 부채가 있고, 자루가 있어 펼치면 일산 같은 것도 있는데, 어린아이의 햇볕 가리는 도구로 쓴다. 또 자루가 길며 크고 둥근 부채가 있는데, 돗자리에서 파리와 모기를 쫓는 도구로 쓴다. 또 반점이 있는 대나무의 껍질이나 비단, 보석으로 장식하여 신부가 얼굴을 가리는 도구로 사용하기도 한다. 큰 파초 잎 모양으로 만든 것도 있는데 대신(大臣)의 장신구로 삼기도 한다. 시장에서 파는 부채가 있는데 정밀한 것도 있고 거친 것도 있고 교묘한 것도 있고 소박한 것도 있어 만드는 방법이 각기 다르다. 중국 사람이 "고려 사람은 겨울에도 부채를 손에 쥔다." 한 것도 그 풍속을 기록한 것이다.

관상감에서 주사로 천중적부(天中赤符)를 만들어 대내에 올리면 문미에 붙여 불길한 것을 막는다. 관원의 집에도 붙인다. 그 내용은 다음과 같다.

"5월 5일 천중절에 위로는 하늘의 복을 얻고 아래로는 땅의 복을 받는다. 치우(蚩尤) 귀신은 구리 머리에 쇠 이마, 입과 혀가 붉다. 404가지 병이 일시에 사라지도록 속히 거행하라."

한나라 제도에 따르면 도인(桃印)으로 사악한 기운을 그치게 하였다. 진(晉)나라 갈홍(葛洪)이 편찬한 도가(道家) 서적 『포박자(抱朴子)』에서는 적령부(赤靈符)를 만든다고 하였는데 모두 단오의 옛 제도이다. 지금의 천중적부도 여기서 나온 것이다.

내의원(內醫院)에서는 제호탕(醍醐湯)[1]을 지어 올린다. 또 옥추단(玉樞丹)[2]을 만들고 금박을 입혀서 올린다. 이것을 오색실에 꿰어 차고 다니며 액운을 막는다. 시종신에게 나누어 준다. 후한(後漢)의 응소(應劭)가 편찬한 『풍속통(風俗通)』을 보면 "5월 5일에 오색 비단실을 팔에 묶어 귀신과 병화를 물리치는데, 장명루(長命縷), 또는 속명루(續命縷), 또는 벽병증(辟兵繒)이라고 한다." 하였다.[3] 지금 풍속에 옥추단을 차고 다니는 것도 이와 비슷하다.

남녀 아이들은 창포를 끓인 물로 세수하고 모두 붉은색이나 녹색의 새 옷을 입는다. 창포 뿌리를 잘라 비녀를 만든다. '수(壽)', '복(福)' 자를 쓰기도 하고, 그 끝에 연지를 바르기도 한다. 땋은 머리에 두루 꽂아 전염병을 막는데, 단오 단장[端午粧]이라고 한다. 『대대례기(大戴禮記)』를 보면 "5월 5일에 난초를 모아서 목욕을 한다." 하였고, 또 『세시잡기』를 보면 "단오에 창포와 쑥으로 작은 사람이나 호리병 모양을 만들어 차고 다니며 액운을 물리친다." 하였다. 지금 풍속에 창포 끓인 물로 목욕하고 창포 비녀를 꽂는 것은 여기서 비롯되었다. 또 『완서잡기』를 보면 "연경에서는 5월 1일부터 5일까지 젊은 규수들이 지극히 아름답게 꾸민다. 이미 출가한 여인도 각자 친정으로 가는데, 이날을 여아절(女兒節)이라고 한다." 하였다. 우리나라 풍속은 연(燕) 지방과 비슷하므로 단장하는 것도 연 지방 풍속을 답습한 듯하다.

민간의 남녀들은 그네타기를 많이 한다. 『고금예술도(古今藝術圖)』를 보면 "북방 오랑캐는 한식이 되면 그네타기를 하며 재빨리 움직이기를 연습하는데, 훗날 중국 여인들이 배웠다." 하였다. 또 『천보유사(天寶遺事)』

신윤복, 〈단오풍정〉 ⓒ 간송미술문화재단
머리 감기와 그네 타기 등 단오의 대표적인 풍속을 묘사하였다. 머리에 짐을 지고 있는 화면 오른
쪽의 여인을 제외한 나머지는 모두 기녀이다.

를 보면 "궁중에서는 한식이 되면 다투어 그네를 설치하는데 반선희
(半仙戲)라고 한다." 하였다. 지금은 이 풍속이 단오로 옮겨졌다.

젊은 장정들은 남산의 왜장(倭場)⁴과 북악의 신무문(神武門) 뒤에 모여
서 씨름으로 승부를 겨룬다. 그 방법은 두 사람이 마주 보고 꿇어앉아
각자 오른손으로 상대의 허리를 잡고 또 각자 왼손으로 상대의 오른쪽
넓적다리를 잡는다. 동시에 일어나 서로 들어서 넘어뜨리는데, 거꾸로

넘어져 누운 자가 지는 것이다. 내국(內局), 외국(外局), 윤기(輪起) 등 여러 기술이 있다. 그중에 힘이 세고 솜씨가 빨라 여러 번 겨루어 여러 번 이긴 자를 도결국(都結局)이라고 한다. 중국 사람들이 모방하여 고려기(高麗技) 또는 요교(撩跤)라고 한다. 단오에는 이 놀이가 대단히 성행하여 서울과 지방에서 하는 경우가 많다. 『예기』 「월령」을 보면 "10월에 장수에게 명하여 무예를 익히는데, 활쏘기, 말달리기, 각력(角力)을 연습한다." 하였다. 지금의 씨름이 바로 이 각력으로, 군사 훈련이다. 또 후한의 문인 장평자[張平子: 장형(張衡, 78~139)]의 「서경부(西京賦)」에 "오묘한 각저(角觝) 놀이를 선보인다." 하였다. 한나라 때에도 있었던 것이다. 씨름과 비슷하다.

단오를 속칭 수릿날[戍衣日]이라고 하는데, '수리'는 수레의 우리말이다. 이날 쑥을 캐고 찧어서 멥쌀가루에 넣어 초록색이 나면 떡메로 쳐서 수레바퀴 모양의 떡을 만들어 먹는다. 그러므로 수릿날이라고 하는 것이다. 떡집에서는 이것을 명절 음식으로 판다. 『본초강목(本草綱目)』에 나오는 천년애(千年艾), 중국 사람이 말하는 구설초(狗舌草)가 이것이다. 윗면이 흰 쑥잎을 말려

수리취떡. 국립민속박물관 제공.
취 잎을 넣어 만든 떡. 단오를 수릿날이라고 하는 이유에 대해서는 여러 가지 설이 있는데 홍석모는 수레바퀴 무늬를 넣은 쑥떡을 먹기 때문이라고 하였다.

서 빻아 부싯깃을 만드는데, 수리초라고 한다. 무규(武珪)의 『연북잡지』
를 보면 "요(遼) 지방 풍속에 5월 5일 발해의 주방에서 쑥떡을 바친다."
하였다. 우리나라 풍속은 여기서 비롯된 듯하다.

오시(午時)에 익모초와 희렴(豨薟: 진득찰)을 캔다. 말려서 약으로 쓴
다. 또 대추나무를 시집보낸다. 『화력신재』를 보면 "대추나무 시집보내
기는 단오 오시에 하는 것이 좋다. 또 단오 5경에 도끼로 과일나무를
몇 번 찍으면 과일이 많이 열린다." 하였는데, 지금 풍속은 여기서 비롯
된 것이다.

김해 풍속에 매년 4월 8일부터 아이들이 무리지어 모여 성 남쪽에서
석전을 연습한다. 단오가 되면 장정들이 모두 모여 좌우편으로 나누고
깃발을 세우고 북을 울리며 소리치고 뛰어다니는데, 돌이 비처럼 쏟아
진다. 승부를 결정짓고서야 그만두니, 죽고 다치더라도 후회하지 않으
며 수령도 금지하지 못한다. 【『동국여지승람』에 보인다.】

금산(金山: 지금의 김천) 풍속에 단옷날 젊은이들이 직지사(直指寺)에
모여 씨름을 한다. 멀고 가까운 곳의 사람들이 모두 모여 승부로 내기
를 건다. 소문을 듣고 구경하러 오는 사람이 수천 수백 명인데, 매년 이
렇게 한다.

경상도 군위 풍속에 따르면 효령현(孝靈縣) 서쪽 산에 김유신 사당이

있다. 세속에서는 삼장군당(三將軍堂)이라고 한다. 매년 단오에 고을의 수리(首吏)가 사람들을 데리고 역마(驛馬)와 깃발, 북으로 신을 맞이하여 마을을 돌아다닌다.【『동국여지승람』에 보인다.】

강원도 삼척 풍속에 고을 사람들이 작은 함에 신라 공주의 신령이 깃들어 있다는 쇠비녀 오금잠(烏金簪)을 담아서 관아 동쪽 구석 나무 아래에 보관한다. 단오가 되면 아전들이 모셔다가 제사를 지내고 이튿날 제자리에 보관한다. 민간에 전하는 말에 따르면 고려 태조 때의 물건이라고 하는데, 제사지내는 의도는 알 수 없으나 마침내 고사가 되었고, 관에서도 금지하지 않는다.【『동국여지승람』에 보인다.】

함경도 안변 풍속에 상음신사(霜陰神祠)가 있다. 민간에서는 선위대왕(宣威大王)의 부인이라고 전한다. 단오마다 선위대왕을 맞이하여 함께 제사지낸다.【『동국여지승람』에 보인다.】

❀

『용재총화』에 단옷날 애호를 문에 건다고 하였으니, 조선 초기부터 있던 풍속임에 분명하다. 조선시대 문헌에서는 애호를 문에 걸어 액운을 쫓는 용도로 사용하는 경우가 대부분인데, 『형초세시기』에서는 머리에 이고 다닌다고 하였다.

단오에 부채를 하사하는 풍속은 조선 초기부터 보인다. 이 역시 중국에도 존재하는 풍속이다. 1426년 명 사신 백언(白彥)이, 중국에서는 5월 1일 조정 관원과 사신들에게 부채를 나누어주는데 조선에도 이런 풍속이 있느냐고 물은 적이 있다.[5]

우리나라 부채는 고려시대부터 이름났다. 접었다 폈다 하는 접부채가 고려에서 전래되었다는 사실은 중국의 여러 문헌에 기록되어 있다. 『오주연문장전산고』에 따르면 중국에서 접부채를 사용하게 된 것은 명 영락제 재위 시 우리 접부채를 통해서라고 하였다.[6]

천중적부는 『포박자』의 '적령부'에서 유래한 듯하다. 『포박자』에 "5월 5일에 적령부를 만들어 가슴 앞에 붙인다." 하였다. 고려 후기 문인 원천석(元天錫)의 「단옷날 우연히 읊다[端午偶吟]」의 주석에 이를 인용하였다.[7] 『태종실록』에도 단오에 부적을 만들어 문에 붙였다는 기록이 있다.[8] 여기에 보이는 부적의 내용은 『오주연문장전산고』에 실려 있는 내용과 동일하다.

단오에 옥추단을 진상한 사실은 인조대 『승정원일기』에 보이며,[9] 이유원(李裕元)이 옥추단을 매단 부채를 하사받고 지은 시가 있다.[10] 제호탕을 진상한 사실은 조선 후기 문헌에 더러 보인다.

홍석모는 『대대례기』와 『세시잡기』를 인용하여 창포물에 머리를 감는 우리의 풍속이 중국에서 기원한 풍속이라고 하였으나 설득력이 부족하다. 창포물에 머리 감기는 중국 문헌에 보이지 않는다. 『대대례기』에서는 난초로 목욕을 한다고 하였으며, 『세시잡기』에 보이는 창포는 애호의 재료이다. 그렇지만 단오를 맞이하여 정갈하게 목욕하고 머리 감는 풍속은 중국이나 우리나라나 마찬가지이니, 전혀 다른 풍속이라고 하기도 어렵다.

홍석모는 씨름과 그네 역시 중국에서 유래한 풍속이라고 주장하였다. 씨름 기술은 문헌마다 달리 기록되어 있다. 홍석모는 내국, 외국, 윤기 등의 기술이 있다고 하였는데, 이를 안걸이, 바깥걸이, 둘러메치기로 보는 견해도 있고, 배지기, 등지기, 딴족거리로 보는 견해도 있다. 조수삼의 「세시기」에서는 씨름의 기술로 도서(挑鋤: 잡아채기), 번관(翻關: 뒤집기), 타슬(打膝: 무릎치기), 척복(擲腹: 배지기)이 있다고 하였다. 씨름 대회 우승자의 호칭도 문헌마다 다른데, 『동국세시기』에는 도결국(都結局), 조수삼 「세시기」에는 종장(終場), 신후담의 「세시기」에는 천장(擅場)이라고 하였다.

삼척의 오금잠은 문헌에 자주 등장하는 편이다.[11] 정언황(丁彦璜)이 삼척 부사로 부임하여 금지하였다고 한다. 『목민심서(牧民心書)』에는 정언황이 안동 부사로 부임하여 금지하였다고 하였으나 오기로 보인다.

안변 상음신사의 풍속은 홍경모의 「학성지(鶴城志)」에 자세하다.[12] 상음은 본디 안변의 속현(屬縣) 이름이었다. 학성산 정상의 성황당에 선위대왕의 신상(神像)이 있고, 상음현 사당에 선위대왕 부인의 신을 모셨다. 6월 15일이면 두 신을 함께 맞이하여 제사지낸다. 장대 끝에 두 개의 큰 방울을 달고 비단을 매단다. 무당이 화려하게 차려입고 역마를 타고 돌아다니면 고을 사람들이 음식을 차려놓고 맞이하여 제사지낸다.

端午

頒艾虎于閣臣, 用小稈纏束綵花, 蔽蔽如蓼穗. 按歲時雜記, 端午以艾爲虎形, 或剪綵爲小虎, 粘艾葉以戴之, 國制昉於此.

工曹造進端午扇, 頒于宮掖、宰執、侍從. 扇之絶大者, 竹幅白矢, 滿五十四十, 名曰白貼. 着漆者, 名曰漆貼. 得此者, 多畫金剛一萬二千峯, 或爲倡巫所把. 近俗喜寫折枝、桃花、芙蓉、蝴蝶、銀鯽、鷺鷥. 按戒[13]菴漫筆, 端午賜京官宮扇, 竹骨紙面, 俱畫翎毛五色綿纏繞艾虎者是也. 湖南、嶺南兩道伯及統閫, 進上節扇, 例送於朝紳暨親知間, 造扇邑守令, 亦有進上贈遺, 全州、南平之制爲佳. 僧頭、魚頭、蛇頭、合竹、斑竹、外角、內角、三臺、二臺、竹節、丹木、彩角、素角、廣邊、狹邊、有環、無環、製樣各殊, 五色及紫綠、鴉靑、雲暗、石磷等諸色, 無不備焉. 俗尚白黑二色, 黃漆、黑漆兩貼及着油者, 靑爲新郎, 素爲喪人, 諸色爲婦人, 小兒所把團扇有五色, 又有五色交貼斑爛者, 有似桐葉、蓮葉、蓮花、蕉葉者, 或着油, 或黃黑漆, 男子在家而搖, 色扇爲婦女兒童所持. 又有色紙竹幅闊大爲輪扇, 有柄張之如傘, 作小兒遮陽之具. 又有長柄大團扇, 作枕簟揮蠅蚊之具. 又以斑竹皮色綃紗飾珠具, 爲新婦遮面之具. 或倣大蕉葉形, 亦爲大臣儀飾之物. 又有商賈扇賣買者, 精麗巧樸, 不一其制. 中國人稱高麗人多執扇, 記其俗也.

觀象監朱砂搨大中赤符, 進于大內, 貼門楣, 以除弗祥, 卿士家亦貼之. 其文曰, 五月五日, 天中之節, 上得天祿, 下得地福, 蚩尤之神, 銅頭鐵額, 赤口赤舌,四百四病, 一時消滅, 急急如律令. 按漢制有桃印, 以止惡氣. 抱朴子作赤靈符, 皆端午舊制, 而今之符制, 蓋出於此.

內醫院造醍醐湯進供, 又製玉樞丹塗金箔以進, 穿五色絲, 佩之禳災, 頒賜近侍. 按風俗通, 五月五日, 以五綵絲繫臂者, 辟鬼及兵, 名長命縷, 一名續命縷, 一名辟兵繒, 今俗之佩丹, 蓋此類也.

男女兒童, 取菖蒲湯頮面, 皆着紅綠新衣, 削菖蒲根作簪, 或爲壽福字, 塗臙脂於其端, 遍揷頭髻, 以辟瘟, 號端午粧. 按大戴禮, 五月五日, 蓄蘭爲沐浴. 又按歲時雜記, 端午刻菖艾爲小人或葫蘆形, 帶之辟邪. 今俗之浴蒲揷菖, 蓋昉於是. 又按宛署雜記, 燕都自五月初一日至五日, 飾小閨女, 盡態極妍, 已出嫁之女, 亦各歸寧, 號是日爲女兒節. 東俗與燕相近, 其靚粧似襲燕風也.

閭巷男女盛爲鞦韆戲. 按古今藝術圖, 北方戎狄, 至寒食爲鞦韆戲, 以習輕趫, 後中國女子學之. 又按天寶遺事, 宮中至寒食節, 競築鞦韆, 呼爲半仙之戲, 今俗移於端午.

丁壯年少者, 會於南山之倭場, 北山之神武門後, 爲角力之戲, 以賭勝負. 其法兩人對跪, 各用右手挐對者之腰, 又各用左手挐對者之右股, 一時起立, 互擧而抨之, 倒臥者爲負. 有內局、外局、輪起諸勢, 就中力大手快, 屢賭屢捷者, 謂之都結局. 中國人效之, 號爲高麗技, 又曰撩跤. 端午日此戲甚盛, 京外多爲之. 按禮記月令, 孟冬之月, 乃命將帥講武習射御角力, 今之角戲卽此, 而乃兵勢也.

又按張平子西京賦, 呈角觗之妙戲, 在漢時亦有之, 與此相類

端午俗名戌衣日, 戌衣者東語車也. 是日採艾葉, 爛搗入粳米粉, 發綠色, 打而作餻, 象車輪形食之, 故謂之戌衣日, 賣餅家以時食賣之. 本草千年艾, 華人呼作狗舌草是也. 艾葉之背白者, 曝乾碎作火絨, 亦號戌衣草. 按武珪燕北雜志, 遼俗五月五日, 勃海廚子進艾餻, 東俗似沿於是.

午時採益母草, 豨薟, 曬爲藥用, 又嫁棗樹. 按花曆新栽, 嫁棗宜於端午日午時, 又端午五鼓, 以斧斫諸果木數下結實多, 今俗昉此.

金海俗, 每歲自四月八日, 兒童群聚習石戰于城南, 至端午日, 丁壯畢會, 分左右, 豎旗鳴鼓, 叫呼踊躍, 投石如雨, 決勝負乃已, 雖至死傷無悔, 守令不能禁.【見輿地勝覽】

金山俗, 端午日群少會於直指寺, 爲角力戲, 遠近咸聚, 以賭勝負. 聞風而觀光者, 以千百計, 歲以爲常.

軍威俗, 孝靈西岳金庾信祠, 俗稱三將軍堂. 每歲端午, 縣首吏率邑人, 以驛騎旗鼓迎神, 遊於村巷.【見輿地勝覽】

三陟俗, 邑人盛烏金簪小函, 藏於治所東隅樹下, 每遇端午, 吏人取出奠而祭之, 翌日還藏. 諺傳高麗太祖時物, 然未審其所以祭之之意, 遂成故事, 官亦

不禁.【見輿地勝覽】

　安邊俗, 霜陰神祠, 諺傳宣威大王之夫人, 每以端午迎宣威, 並祭之.【見輿地勝覽】

5월 기타

10일은 태종의 기일이다. 매년 반드시 비가 내리는데, 태종우(太宗雨)라고 한다. 태종이 임종할 때 세종에게 말하기를, "가뭄이 한창 심하니, 죽어도 지각이 있다면 반드시 그날 비를 내리겠다." 하였다. 그 뒤 과연 비가 내렸다.

종묘에 대맥(大麥: 보리), 소맥(小麥: 밀), 고자(苽子: 오이)를 바친다. 관원의 집에서도 바친다. 『예기』 「월령」을 보면, "4월 농가에서 보리를 바치면 천자가 보리를 맛보고 먼저 종묘에 올린다." 하였고, 또 최식의 『월령』에 "초복에 보리와 줄을 사당에 올린다." 하였는데, 우리나라 제도 역시 그러하다.

도성 풍속에 콩을 삶아 소금을 넣고 항아리에 장을 담가서 겨울을 날 계책으로 삼는다. 여러 가지 꺼리는 날이 있는데, 시면[辛] 장에 맞지 않으므로 신일을 꺼린다.

❋

태종우에 관한 기록은 이행(李荇, 1478~1534)의 시에 처음 보이며,[14] 고상안의 「효빈잡기(效嚬雜記)」에도 보인다.[15] 아울러 효종(孝宗)의 기일인 5월 4일에 내리는 비는 효종우(孝宗雨)라고 하였다.[16] 『종묘의궤』에 따르면 5월 종묘에 천신하는 물품은 살구[黃杏], 앵두[櫻桃], 오이, 보리, 밀이다.

장을 담글 때 신일을 꺼리는 것은 원대(元代)에 편찬된 『거가필용(居家必用)』 및 조선 초기에 편찬된 『고사촬요(故事撮要)』 등에 보이는 오래된 풍속이다.

月內

初十日, 太宗忌辰, 每年必雨, 謂之太宗雨. 太宗臨薨, 敎世宗曰: "旱災方甚, 死若有知, 必使是日得雨." 後果然. 薦大小麥、苽子于太廟, 卿士家亦行之. 按禮記月令, 孟夏之月, 農乃登麥, 天子嘗麥, 先薦寢廟. 又按崔寔月令, 初伏薦麥、苽于祖禰, 國制亦然.

都俗以燻豆調鹽, 沈醬于陶甕, 爲過冬之計, 百忌日, 辛不合醬, 忌辛日.

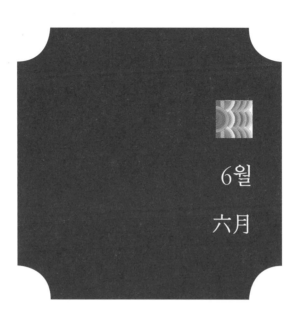

6월

六月

유두

15일을 우리나라 풍속에서는 유두일이라고 한다. 김극기(金克己)의
문집을 보면 "경주에 전해오는 풍속에 따르면 6월 15일에 동쪽으로
흐르는 물에 머리를 감아 불길한 것을 없애고, 이어서 계음(禊飲)을 하
는데,[1] 유두연(流頭宴)이라고 한다." 하였다. 우리나라에서 이를 따라 민
간의 명절로 삼는다. 경주에는 아직도 이런 풍속이 있다.

멥쌀가루를 쪄서 길고 둥근 떡을 만들고, 구슬처럼 잘게 잘라 꿀물에
담갔다가 얼음을 채워서 먹고 제사를 지내는데, 수단(水團)이라고 한다.
또 건단(乾團)이라는 것도 있는데 물에 넣지 않은 것으로 냉도(冷飴)와
비슷한 것이다. 간혹 찹쌀가루로 만들기도 한다. 『천보유사』를 보면
"궁중에서 단오마다 분단(粉團)과 각서(角黍)를 만들어 금쟁반에 못으로
고정시키고, 작은 활을 쏘아 분단을 맞힌 사람이 먹는다."[2] 하였다. 또

『세시잡기』에 "단오에 수단을 만드는데 백단(白團)이라고도 한다. 가장 정밀하게 만든 것을 적분단(滴粉團)이라고 한다." 하였고, 장문잠[張文潛: 중국 북송의 시인 장뢰(張耒, 1054~1114)]의 시에 "수단을 얼음에 담그고 사탕으로 싼다." 하였다. 옛사람들은 각서종(角黍粽)을 단오의 명절 음식으로 삼아 보냈다고 하였는데, 이와 비슷하지만 네모나고 둥근 모양이 다르다. 지금 풍속에서는 유두로 옮겨졌다.

밀가루를 반죽하여 꿀에 섞은 콩이나 깨를 넣고 찌는 것을 상화병(霜花餅)이라고 한다. 또 밀가루를 기름에 지져 고(䊆)[3]로 만든 소를 싸거나 꿀에 섞은 콩이나 깨를 넣어 소를 싸서 다른 모양으로 말고 접는 것을 연병(連餅)이라고 한다. 또 나뭇잎 모양으로 주름을 만들어 고로 만든 소를 싸고 소쿠리에 쪄서 초장에 적셔 먹기도 한다. 모두 명절 음식으로 제사에 쓴다. 방옹(放翁: 육유)의 시를 보면 "쟁반을 씻고 연전(連展)을 쌓는다."[4] 하였는데, 주석에 "회(淮) 지방 사람들은 맥이(麥餌)를 연전이라 한다." 하였으니 이와 비슷한 듯하다.

밀가루로 구슬 모양의 누룩을 만드는데 유두국이라고 한다. 오색으로 물들이고 세 개를 이어서 색실로 꿰어 차거나 문미에 걸어 액운을 막는다.

❋

김극기 문집에 실려 있다는 내용은 『동국여지승람』 경주부에 보인다. 홍석모는 이를 인용한 듯하다. 유두일에 동쪽으로 흐르는 물에 머리를 감고 모여서 술을 마시는 풍속이 신라부터 시작되었는지는 알 수 없으나, 최소한 고려시대에는 풍속으로 자리 잡은 것이 확실하다.

『용재총화』에 따르면 유두는 고려의 환관들이 동천(東川)에서 머리를 감고 술을 마시던 풍속에서 유래하였으며, 흐르는 물에 머리를 감았다고 하여 '유두'라는 명칭이 생겼다고 한다. 조수삼의 「세시기」에서는 승려들이 머리를 감고 삭발하는 날이므로 유두라 한다고 하였다. 『주영편』에 따르면 "우리나라 명절 가운데 유두만이 우리나라 풍속이고 나머지는 모두 중국에서 명절이라고 부르는 날이다."라고 하였다.

수단은 수병(水餠)이라고도 하며 고려시대부터 유두의 명절 음식으로 여겨졌던 듯하다. 이색의 「유두일삼영(流頭日三詠)」에 "상당군의 부침개 맛 더욱 좋으니, 표면은 눈처럼 흰 무늬에 달고 매운 맛 섞였네.[上黨烹煎味更眞, 雪爲膚理雜甘辛]"라고 하였는데, 수단을 묘사한 것이 아닌가 한다.[5] 서거정의 「유두일(流頭日)」에 "둥글둥글한 수단을 꿀에 담가 먹는다.[水餠團團崖蜜合]" 하였고,[6] 신흠의 「유두일에 쓰다[流頭日題]」에 "토속을 따라 수단을 먹는다.[水團遵土俗]" 하였다.[7]

『용재총화』에 따르면 수단은 괴엽냉도(槐葉冷淘)에서 유래한 듯하다고 하였다. 괴엽냉도는 당나라 여름 음식이다. 홰나무 잎을 가루 내어 밀가루에 넣고 면을 만든 뒤 삶고서 차갑게 만들어 먹는다. 두보, 소식 등의 시에 언급되어 널리 알려졌다. 수단과 괴엽냉도의 유사성은 여러 문헌에서 지적되었다. 『지봉유설』 역시 수단의 기원은 알 수 없으나 괴엽냉도에서 유래한 듯하다고 추정하였다. 신후담의 「세시기」에서는 유두 음식으로 수단 외에 보리떡[麥餠]이 있다고 하였다.

流頭

十五日, 東俗稱流頭日. 按金克己集, 東都遺俗, 六月望日, 浴髮於東流水, 祓除不祥, 因爲禊飮, 謂之流頭宴. 國俗因之爲俗節, 慶州尙有此風焉. 蒸粳米粉, 打成長股團餠, 細切如珠, 澆以蜜水, 照氷食之, 以供祀, 名曰水團. 又有乾團, 不入水者, 卽冷餉之類, 或用糯米粉爲之, 按天寶遺事, 宮中每端午, 造粉團角黍, 釘金盤中, 以小小角弓架箭射中粉團者得食. 又按歲時雜記, 端午作水團, 又名白團, 最精者, 名滴粉團. 又按張文潛詩云, 水團氷浸砂糖裹, 古人以角黍粽爲端午節物, 相餽送, 蓋此類, 而角與團異形也. 今俗移於流頭, 以小麥麵溲, 而包豆荏和蜜蒸之, 曰霜花餠. 又碾麵而油煮, 包荏餡或包豆荏和蜜爲餡, 卷摺異形, 名曰連餠. 又皺作葉形, 包荏餡籠蒸, 浸醋醬以食之, 並以時食亦供祀. 按放翁詩, 抹盤堆連展, 註, 淮人以麥餌謂連展, 似此類也.

用小麥麵造麪如珠形, 名曰流頭麪, 染五色, 聯三枚, 以色絲穿而佩之, 或掛於門楣以禳之.

삼복

개를 잡아 파를 넣고 푹 삶은 것을 개장[狗醬]이라고 한다. 닭고기와 죽순을 넣으면 더욱 좋다. 또 국을 끓여 고춧가루로 간을 하고 흰밥을 말면 제철 음식이 된다. 땀을 내면 더위를 물리치고 허한 몸을 보충할 수 있다. 시장에서도 많이 판다.

『사기(史記)』를 보면 "진(秦)나라 덕공(德公) 2년, 처음으로 복사(伏祠)를 짓고 사대문에서 개를 찢어 죽여 벌레를 막았다." 하였다. 개를 찢어 죽이는 것이 복날의 고사였는데, 지금 풍속이 이를 따라서 삼복의 좋은 음식으로 삼는다.

팥을 삶아 죽을 끓여 음식으로 만드는데, 삼복에 모두 그렇게 한다.

하지(夏至)부터 입추(立秋) 사이에 간지가 경(庚)에 해당하는 날이 세 번 있다. 이것이 초복, 중복, 말복이다. 경은 오행 가운데 금(金)에 해당하고, 금은 추위를 주관한다. 복날에는 추위를 주관하는 금의 기운이 바짝 엎드린다[伏]는 뜻에서 복날이라고 한다.

복날에 개고기를 먹는 풍습은 전국시대 중국 진(秦)나라에서 유래하였다. 당시 진나라 덕공(德公)은 개를 잡아 제사를 지냈는데, 개를 잡은 이유는 양기(陽氣)가 강하기 때문이라는 설도 있고, 벌레가 꼬이기 때문에 잡아서 없앴다는 설도 있다. 척박한 진나라에서 비교적 구하기 쉬운 고기였기 때문일 수도 있다. 이것이 복날에 개고기를 먹고 몸을 보양하는 풍습의 기원이다.

예서(禮書)에 따르면 개고기 역시 제사 음식으로 올릴 수 있으나, 우리나라에서는 올리지 않았다. 홍성휴(洪聖休)가 송시열(宋時烈)에게 그 이유를 물은 적이 있는데, 송시열은 잘 모르겠다고 하였다. 단지 집집마다 개를 기를 정도로 흔하기 때문이라고 추측하였을 뿐이다.[8]

우리가 전통적으로 개를 식용한 것은 사실이나, 개고기는 결코 일상적인 음식이 아니었다. 이는 뿌리 깊은 불교문화의 영향인 듯하다. 주지하다시피 불교에서는 개고기를 불결하게 여긴다. 도교에서도 개고기가 수명을 단축시킨다고 하여 먹지 않는다. 개고기는 복날이 아니면 좀처럼 먹지 않았던 듯하다. 복날에 개고기를 먹는 풍속이 얼마나 오래되었는지도 의문이다.

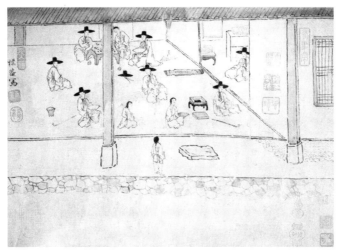

강세황, 〈현정승집도(玄亭勝集圖)〉, 개인 소장.
1747년(영조23) 6월 2일, 안산 현곡(玄谷)에 있던 유경종(柳慶種, 1714~1784)의
집 청문당(淸聞堂)에서 개고기를 먹은 뒤 노는 모습이다.

　이식(李植, 1584~1647)에 따르면, 중국에서는 예로부터 복날을 명절
로 삼아 잔치를 열었지만 우리나라에는 그런 풍속이 없다고 하였다.[9]
김주신(金柱臣, 1661~1721)의 문집에도 "우리나라는 상사일과 복일, 납일
을 막론하고 본래 모여서 술 마시는 풍속이 없다."[10]라고 하였다. 17세
기까지만 해도 복날에 특별한 음식을 먹는 풍속이 없었다는 사실을
알 수 있다.

　복날에 개고기를 먹는 풍습에 대한 기록은 18세기 중반 무렵부터 등
장한다. 1747년, 강세황(姜世晃, 1713~1791)을 비롯한 11명의 선비가 초
복을 맞이하여 모임을 여는 모습을 그린 「현정승집도(玄亭勝集圖)」가 전
한다. 여기에 "복날에 개고기를 먹고 술을 마시는 모임을 여는 것은 풍

속이다.[伏日設家獐會飮, 俗也]"라는 기록이 있다. 18세기 중반 무렵에는 복날에 개고기를 먹는 것이 보편적인 풍속으로 자리 잡았으며, 이것이 『동국세시기』의 기록으로 이어진 것이다.

『동국세시기』를 읽을 때 주의할 점은 이 책의 내용을 조선시대의 보편적인 풍속으로 간주하는 태도이다. 『동국세시기』의 내용은 어디까지나 이 책이 편찬된 19세기 중반, 일부 지역에서 유행한 풍속에 불과하다. 『동국세시기』에 기록된 풍속이 얼마나 오래된 것인지, 또 얼마나 보편적인 것이었는지는 하나하나 문헌을 통해 확인할 필요가 있다.

三伏

烹狗和葱爛蒸, 名曰狗醬. 入雞、笋更佳. 又作羹, 調番椒屑, 澆白飯, 爲時食. 發汗可以祛暑補虛, 市上亦多賣之. 按史記, 秦德公二年, 初作伏祠, 磔狗四門, 以禦蟲災. 磔狗卽伏日故事, 而今俗因爲三伏佳饌.

煮赤小豆粥以爲食, 三伏皆如之.

6월 기타

메기장쌀, 기장쌀, 좁쌀, 쌀을 종묘에 올린다. 『예기』「월령」을 보면 "5월에 농부가 기장을 올리면 천자가 기장을 맛보고 먼저 종묘에 올린다. 7월에 농부가 곡식을 올리면 천자가 햇곡식을 맛보고 먼저 종묘에 올린다." 하였는데, 우리나라 제도 역시 그러하다.

각 관사에 얼음을 나누어준다. 목패(木牌)를 만들어 빙고(氷庫)에서 받아가게 한다.

밀가루로 국수를 만들어 오이와 닭고기를 넣고 백마자탕(白麻子湯)에 넣는다. 또 미역국에 닭고기를 넣고 면을 물에 데쳐 익혀 먹기도 한다. 또 호박과 돼지고기를 넣고 흰떡을 썰어 푹 삶기도 하고, 굴비 머리를

김홍도, 〈세검정도(洗劍亭圖)〉, 국립중앙박물관 소장.
세검정 앞 탕춘대는 한양 사람들의 피서지였다.

넣어 함께 끓이기도 한다. 또 밀가루에 호박 썬 것을 섞어 기름에 부치기도 하는데, 모두 여름의 제철 음식이며 소박한 음식이다. 참외와 수박은 더위를 물리치는 음식이다. 동부(東部)의 채소와 과일, 칠패(七牌)[11]의 생선은 이때가 가장 좋다.

돈의문 밖 서지(西池)에 있던 정자 천연정(天然亭)의 연꽃, 삼청동 탕춘대와 정릉의 수석(水石)에 술 마시며 시 짓는 이들이 많이 모여, 하삭(河朔)의 연회[12]를 흉내 낸다. 서울 풍속에 또 남북의 개울에서 발을 씻는 놀이를 한다.

경상도 진주의 풍속에 이달 그믐에 남녀가 강변으로 나가 성이 함락된 일을 되새기며 액운을 없앤다. 멀고 가까운 곳에서 사람들이 와서 모이는데, 구경꾼이 시장처럼 많다. 옛날 임진왜란 때 이날 성이 함락되었기 때문이다. 연례행사이다.

❋

『종묘의궤』에 따르면 6월의 천신 품목은 메기장쌀[稷米], 기장쌀[黍米], 좁쌀[粟米], 쌀[稻米], 능금[林檎], 은어[銀口魚], 가지[茄子], 동아[冬苽], 수박[西果], 참외[眞果], 오얏[李實] 등이다. 홍석모는 이를 『예기』에 등장하는 고대 중국의 천신 제도에서 유래한 것으로 보았다. 『주영편』에서는 조선의 천신 물품은 명나라 제도를 따른 것이라고 하였다.

여름에 관원들에게 얼음을 나누어주는 풍속은 『주례(周禮)』에 근거를 두고 있으며, 우리나라에서는 고려시대부터 자세한 규정을 마련하여 시행하였다. 『용재총화』에 따르면 여름에 재신에게 얼음을 나누어주었으나 받아 올 노비가 없어 받지 못하는 이들도 많았다고 한다.

1567년(선조 즉위년) 명나라에서 허국(許國)이 사신으로 왔을 때 접대를 담당한 이준경(李浚慶)이 우리나라 풍속을 기록해 주었는데, 이 기록에 매년 여름이면 종친 및 당상 문무관, 연로하여 산직에 있는 당상관에게 얼음을 나누어주며, 활인서의 병자 및 감옥에 갇힌 죄수에게도

나누어준다고 하였다.[13] 『지봉유설』에 따르면 임란 이전에는 통정대부
(정3품) 이상의 문무 관원 및 종친 모두에게 나누어주었으나 임란 이후
에는 정2품 이상 실직(實職)을 지닌 자에게만 나누어주었다고 한다.[14]

月內

薦稷黍粟稻于太廟. 按禮記月令, 仲夏之月, 農乃登黍, 天子嘗黍, 先薦寢廟.
孟秋之月, 農乃登穀, 天子嘗新, 先薦寢廟, 國制亦然.

頒氷于各司, 造木牌, 俾受去於凌室.

以小麥造麵, 調靑苽, 鷄肉, 澆白麻子湯. 又用甘藿湯, 調鷄肉, 以麵點水, 熟
而食之. 又以南苽同猪肉, 切白餠爛煮, 或入乾鰒魚頭同煮. 又以小麥麵拌南苽
切片油煮, 皆爲夏月時食, 眞率之饌, 甛苽, 西苽爲滌暑之需. 東部菜果, 七牌魚
鮮, 是時最盛.

天然亭荷花, 三淸洞蕩春臺, 貞陵水石, 觴詠者多集于此, 以倣河朔之飮. 都
俗又於南北溪澗, 爲濯足之遊.

晋州俗, 是月晦日, 士女出江邊, 爲陷城祓除, 遠近來會, 觀者如市, 蓋昔倭
亂, 以是日陷城故也, 歲以爲常.

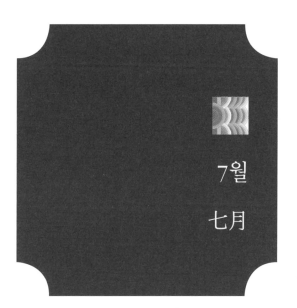

7월

七月

칠석

민가에서는 옷을 넣어 말리는데, 오래된 풍속이다.

✳

칠석은 견우직녀 설화로 널리 알려져 있지만, 허황한 이야기로 치부하는 이들도 적지 않았다. 홍석모가 칠석에 지은 시를 보면 그 역시 이 설화를 알고 있었던 것으로 보이지만『동국세시기』에는 실려 있지 않다. 어디까지나 설화에 불과하다고 여겼던 듯하다.

『서경잡기(西京雜記)』에 따르면, 한나라 건장궁(建章宮) 태액지(太液池) 서쪽에 무제가 옷을 넣어 말리는 누각이 있었는데 칠석이면 궁녀들이 이곳에 올라 옷을 말렸다고 한다. 위진(魏晉) 시대에 이르러 이 풍속은 부를 과시하는 수단으로 변모하였다. 완씨(阮氏) 집안 사람들이 칠석을 맞이하여 화려한 옷을 햇볕에 말리며 자랑하자, 완함(阮咸)이 거리낌 없이 찢어진 잠방이를 장대에 매달아 말렸다는 고사가 있다. 이 고사는 『세설신어(世說新語)』등에 실려 조선 문인들에게도 널리 알려졌다.

한편, 『세설신어』에는 칠석에 이웃 사람들이 옷을 말리는 모습을 보고 학륭(郝隆)이 뜰에 드러누워 배에 햇볕을 쪼이며, "나는 배 속의 책을 햇볕에 말린다."라고 하였다는 이야기도 실려 있다. 이러한 이야기들은 조선 문인들이 칠석에 지은 시에 언급되곤 하지만, 우리나라에 실제로 칠석에 옷을 널어 말리는 풍속이 있었다는 기록은 찾기 어렵다. 신후담의 「세시기」에 따르면 우리나라 풍속은 칠석을 그다지 중시하지 않는다고 하였다.

七夕

人家曬衣裳, 蓋古俗也

중원

15일을 우리나라에서는 백종일(百種日)이라고 한다. 승려들이 재(齋)를 올려 불공을 드리며 큰 명절로 삼는다. 『형초세시기』를 보면 "중원일에 승려, 비구니, 도사, 속인이 모두 쟁반에 음식을 담아 사원(寺院)에 바친다." 하였다. 또 『우란분경(盂蘭盆經)』을 보면 "목련(目連) 비구가 다섯 가지 음식과 백 가지 과일을 갖추어 쟁반에 담아 십방대덕(十方大德)에게 공양하였다." 하였는데, 지금 말하는 백종일은 백 가지 과일을 가리키는 듯하다. 고려는 불교를 숭상하여 이날마다 우란분회(盂蘭盆會)를 열었는데, 지금 재(齋)를 올리는 것도 이 때문이다.

우리나라에서는 중원을 망혼일(亡魂日)이라고 하는데, 민간의 백성이 이달 달밤에 채소, 과일, 술, 밥을 차려 돌아가신 어버이의 혼을 부르기 때문이다. 동악(東嶽) 이안눌(李安訥)의 시에 "시장에 채소와 과일이 흔하니, 도성 사람들 곳곳에서 죽은 혼에게 바치네."[1] 하였다.

충청도에서는 이달 15일에 노인과 젊은이가 시장에 나가서 먹고 마시며 즐긴다. 씨름을 하기도 한다.【『동국여지승람』에 보인다.】

❋

중원은 불교의 명절이다. 목련 존자가 아귀지옥에 환생한 어머니에게 음식을 올리고자 부처의 가르침에 따라 7월 15일 온갖 과일을 차려 공양하였다는 고사가 있다. 이로 인해 7월 15일을 우란분절이라고 한다. 우란분은 범어로, 고통받는 자를 구원한다는 뜻이다. 이날 사찰에서는 온갖 음식을 차리고 부처에게 복을 구한다. 김육(金堉)이 개성 유수를 역임한 경험을 바탕으로 편찬한 『송도지(松都志)』에 따르면 이 풍속은 개성에서 특히 성행하였다고 한다. 고려 말에 억울하게 죽은 사람이 많기 때문이라는 설명도 덧붙였다.

신후담의 「세시기」에는 중원을 '백족(白足)'이라고 하였으며 서울의 부유한 백성이 경치 좋은 곳에 가서 노는 날이라고 하였다. 『오주연문장전산고』에 따르면 중원은 불교에서 90일간의 하안거(夏安居)를 마치는 날로서 그다지 깊은 의미는 없다고 하였다.[2] 참고로 7월 15일은 도교의 명절이기도 하다.

『동국여지승람』에서 인용한 부분은 정확히 확인되지 않는데, 전라도 여산군(礪山郡) 조에 7월 15일이면 여산군과 충청도 은진현의 경계에 있는 작지(鵲旨)에 양도의 백성이 모여 씨름을 한다는 기록이 있다.

中元

十五日, 東俗稱百種日, 僧徒設齋供佛, 爲大名節. 按荊楚歲時記, 中元日, 僧尼道俗悉營盆供諸寺院. 又按盂蘭盆經, 目連比邱具五味百果, 以著盆中供養十方大德, 今所云百種日, 似指百果也. 高麗崇佛, 是日每爲盂蘭盆會, 今俗設齋是也.

國俗以中元爲亡魂日, 蓋以閭閻小民是月月夕, 備蔬果酒飯, 招其亡親之魂也. 李東岳安訥有詩云, 記得市塵蔬果賤, 都人隨處薦亡魂.

湖西俗, 以十五日, 老少出市, 飮食爲樂, 又爲角力之戲. 【見輿地勝覽】

7월 기타

벼슬아치 집에서는 올벼를 올리는데, 삭망제 때 올리는 경우가 많다.

❇

제철보다 일찍 여무는 올벼는 종묘와 가묘의 천신 품목이다. 민욱
(閔昱, 1559~1625)은 8월 6일 가묘에 올벼를 올렸다고 하였으며,[3] 송징
은(宋徵殷, 1652~1720)의 칠석 또는 7월 15일에 올벼를 가묘에 올린다고
하였다.[4] 임천상(任天常, 1754~1822)에 따르면 예로부터 올벼는 강릉에서
진상하였다고 한다.[5]

月內

卿士家薦早稻, 多因朔望行之.

8월

八月

추석

15일은 우리 풍속에서 추석 또는 가배(嘉俳)라고 하는 날이다. 신라 때부터 시작된 풍속인데, 시골 농가에서는 일 년 중 가장 중요한 명절이다. 새 곡식이 익고 추수가 머지않았기 때문이다. 누런 닭을 잡고 막걸리를 빚어 사방 이웃이 배불리 먹고 취하여 즐긴다.

경주 풍속에 따르면 신라 유리왕 때 6부(部)를 둘로 나누고, 공주 두 사람이 각기 6부의 여인들을 거느리고 편을 나누었다. 7월 16일부터 매일 대부(大部)의 뜰에 모여서 길쌈을 하고 한밤중이 되어서야 마치는데, 8월 16일이 되면 성과의 많고 적음을 살펴 진 쪽이 술과 음식을 준비하여 이긴 쪽을 대접하였다. 이때 노래와 춤을 비롯하여 온갖 놀이를 하는데, 이를 가배라고 하였다. 당시 진 쪽의 여인 하나가 일어나 춤추며

모시 길쌈. 서천군청 제공.
길쌈은 실을 뽑아 옷감을 짜는 일련의 과정을 뜻한다. 전통 사회에서 길쌈은 여성의 역할이었다. 황후 및 왕비는 몸소 길쌈을 시연함으로써 이를 권장하였는데, 한가위의 기원이 된 신라의 길쌈 내기 역시 그 일환으로 이루어졌을 것이다.

"회소(會蘇), 회소"라고 탄식하였는데, 그 소리가 구슬프고도 우아하여 후세 사람들이 그 소리를 바탕으로 노래를 지어 회소곡(會蘇曲)이라고 하였다. 우리나라에서 지금도 하고 있다. 【『동국여지승람』에 보인다.】

제주 풍속에 매년 8월 보름이면 남녀가 모두 모여 노래하고 춤추며, 좌우편으로 나누어 긴 줄의 양쪽을 당겨 승부를 겨룬다. 줄이 중간에 끊어져서 두 편이 땅에 쓰러지면 구경하던 사람들이 크게 웃는데, 줄다리기라고 한다. 이날은 그네도 타고 닭 잡는 놀이도 한다. 【『동국여지승람』에 보인다.】

홍석모는 「추석(秋夕)」 시에서 "우리나라 풍속은 추석을 중시하여 일
년 중 제일가는 명절이다.[國俗重秋夕, 良辰最一年]"라고 하였다. 이처럼
추석은 설과 함께 대표적인 명절로 알려져 있지만, 『동국세시기』의 추
석 관련 기록은 소략한 편이다.

추석은 우리말로 가위[嘉俳], 또는 한가위[漢嘉會]이다. 추석의 기원에
대한 이야기는 널리 알려져 있다. 『성호사설』에서는 이러한 한가위의
유래야말로 '공상친잠(公桑親蠶)'의 뜻에 맞는다고 하였다.[1] 공상은 천자
와 제후가 직접 경작하는 뽕나무 밭이며, 친잠은 그들의 부인이 누에를
치는 것이다. 『예기』 「제의(祭義)」에 "옛날의 천자와 제후는 반드시 공상
과 잠실(蠶室, 누에 치는 집)이 있었다." 하였다.

신라 여인들이 회소곡을 불렀다는 이야기는 우리나라의 역사와 풍속
을 소재로 삼은 연작시 해동악부(海東樂府)의 소재로 애용되었으며, 중
국 문헌에도 종종 등장한다. 청나라 우통의 「외국죽지사」에도 등장하는
데, 청나라 고증학자인 모기령(毛奇齡)과 역시 청나라 문학가인 왕사정
(王士禎)에게 이채로운 풍속이라는 평을 받았다.

추석은 한식과 더불어 성묘하는 날로 알려졌다. 신후담의 「세시기」에
따르면 우리나라에서 가장 중요한 명절은 설날, 한식, 단오, 추석인데,
설날과 단오에는 가묘에만 제사지내는 경우가 대부분이지만 한식과 추
석에는 시대부와 시인을 막론하고 모두 성묘한다고 하였다. 이익(李瀷)
에 따르면, 추석에 성묘하는 풍습은 신라시대 수로왕릉(首露王陵)에서

추석 제사를 지내면서 시작되었다고 한다. 그는 추석 성묘가 민간의 풍속일 뿐 예법에 보이지 않으므로 굳이 따를 필요는 없다고 하였다.[2] 안정복(安鼎福) 역시 추석의 벌초는 예법에 보이지 않으며, 신라와 고려 이래로 계속된 우리 고유의 풍속이라고 하였다.[3] 한편, 정약용은 「혼돈록(餛飩錄)」에서 추석은 추분(秋分)의 저녁[夕]으로, 달에 제사지내는 풍습에서 유래한 것이라 주장하였다.[4] 그 역시 추석의 묘제(墓祭)는 예법에 없는 것이라 하며, 청명(淸明)과 한로(寒露)에 지내는 것이 합당하다고 하였다.[5]

제주에서 추석에 줄다리기와 그네뛰기를 한다는 기록은 1706년 제주 어사로 현지에 다녀온 이해조(李海朝, 1660~1711)의 시에도 보인다.[6]

秋夕

十五日, 東俗稱秋夕, 又曰嘉俳. 肇自羅俗, 鄉里田家爲一年最重之名節, 以其新穀已登, 西成不遠, 黃鷄·白酒, 四隣醉飽以樂之.

慶州俗, 新羅儒理王時, 中分六部爲二, 使王女二人, 各率部內女子分朋, 秋七月旣望, 每日早集大部之庭, 績麻, 乙夜而罷, 至八月望, 考其功之多少, 負者置酒食, 以謝勝者. 於是歌舞百戲皆作, 謂之嘉俳. 是時負家一女, 起舞歎曰, 會蘇會蘇, 其音哀雅, 後人因其聲而作歌, 名會蘇曲, 國俗至今行之.【見輿地勝覽】

濟州俗, 每歲八月望日, 男女共聚歌舞, 分作左右隊, 曳大索兩端, 以決勝負.
索若中絶, 兩隊仆地, 則觀者大笑, 以爲照里之戲. 是日又作鞦韆及捕鷄之戲.
【見輿地勝覽】

8월 기타

16일, 충청도 시골에서는 씨름을 하는 풍속이 있다. 술과 음식을 차려 즐기는데, 농한기라 쉬기 때문에 그런 것이다. 매년 이렇게 한다.

술집에서는 햅쌀로 술을 만들고, 떡집에서는 올벼로 송편을 만들고, 무와 호박으로 시루떡을 만든다. 또 찹쌀가루를 쪄서 떡을 만들고, 검은 콩, 누런 콩, 참깨를 볶아 가루로 만들어 묻힌다. 인절미[引餅]라고 한다. 옛날의 자고(粢餻), 즉 한나라 때의 마병(麻餅) 같은 것이다. 찹쌀가루를 쪄서 계란처럼 둥근 떡을 만들고, 삶은 밤(고물)을 묻히고 꿀을 바른다. 밤단자[栗團子]라고 한다. 『세시잡기』를 보면 "춘사일(春社日)과 추사일(秋社日), 중양절에 밤으로 떡을 만든다."라고 하였는데, 지금 풍속은 여기서 비롯되었다. 또 토란단자가 있는데 밤단자 만드는 법과 같다. 모두 가을철 음식이다.

❋

씨름은 단오 풍속으로 유명하지만, 임천상에 따르면 "요즘은 백중일에 씨름을 하는 경우가 많다."[7] 하였다. 추석에 했다는 기록도 흔한 편이다.

송편, 호박떡, 인절미, 밤단자 등이 8월의 음식이다. 『성호사설』에 따르면 송편은 쌀가루 반죽에 채소와 콩을 넣고 솔잎을 깐 시루에 찌는 것이라고 하였다.[8] 호박떡 만드는 법은 『오주연문장전산고』에 자세하다.[9] 겉은 노랗고 속은 붉게 잘 익은 호박을 수십 조각으로 잘라서 추운 날씨에 지붕 위에 올려놓는다. 대엿새 지나 눈과 바람에 얼어서 부풀면 말려서 콩가루를 묻히고 시루에 넣어 찐다. 다시 콩가루를 넣고 조금 따뜻하게 하여 먹는다. 인절미는 『택당집』에 따르면 중양절에 올리는 음식이라 한다.[10] 단자는 『성호사설』에 따르면 속을 넣고 찐 다음 겉에 콩가루를 묻힌 떡이다.[11] 밤단자 만드는 법은 19세기 말 편찬된 것으로 추정되는 조선의 한글 조리서 『시의전서(是議全書)』에 자세하다.

月內

十六日, 湖西鄕俗, 以角力戱, 設酒食爲樂, 蓋因農歇息力而然也. 每年如之.

賣酒家造新稻酒, 賣餅家造早稻松餅、菁根南苽甑餅, 又蒸糯米粉, 打爲餻,
以熟黑豆、黃豆、芝麻粉粘之, 名曰引餅, 以賣之, 卽古之粢餻、漢時麻餅之類也.
蒸糯米粉, 成團餅如卵, 用熟栗肉和蜜附之, 名曰栗團子. 按歲時雜記, 二社、重
陽, 以栗爲餻, 今俗昉于此. 又有土蓮團子, 如栗團子之法, 皆秋節時食也.

9월

九月

중양절

누런 국화를 따서 찹쌀떡을 만든다. 삼짇날 만드는 진달래떡과 같은데, 화전이라고도 한다. 『서경잡기』를 보면 "한 무제의 궁인 가패란(賈佩蘭)이 9일에 이(餌)를 먹었다." 하였는데, 이는 우리말로 떡이다. 또 남송(南宋) 맹원로(孟元老)의 『동경몽화록』에 "도성 사람들은 중양절에 밀가루로 떡을 만들어 선물로 준다." 하였으니, 지금의 국화떡은 여기서 비롯된 것이다. 배, 유자, 석류, 잣을 잘게 썰어 꿀물에 담근 것을 화채라고 한다. 모두 명절 음식으로 제사에 올린다.

도성에서는 이날 남북의 산에 올라 먹고 마시며 즐기는 풍속이 있다. 이것은 높은 곳에 오르는 옛 풍속을 따른 것이다. 인왕산 동쪽의 청풍계(青楓溪)[1], 남산 북쪽의 후조당(後凋堂)[2], 남한산, 북한산, 도봉산, 수락산에 단풍 구경하기 좋은 곳이 있다.

＊

『주역(周易)』에서 9는 양(陽)에 해당한다. 9월 9일은 양이 두 개 겹친 날이므로 중구(重九) 또는 중양절(重陽節)이라 한다. 조선 문인들에게 중양절은 민간의 풍속이라기보다는 문헌으로 친숙한 명절이다. 높은 곳에 오르는 등고(登高), 수유꽃을 꽂거나 국화를 감상하는 등의 풍습은 당시(唐詩)를 비롯한 중국 문헌에서 흔히 찾아볼 수 있다.

중양절은 국화가 필 무렵이다. 중양절을 맞이하여 국화를 이용해 화전을 부쳐 먹는 모임을 화전회라고 하였는데, 이날 도성 곳곳에서 화전놀이가 벌어진다. 『오주연문장전산고』에 국화 화전을 만드는 방법이 자세하다.[3] 늦가을에 감국(甘菊)을 따서 꽃받침과 꽃술을 제거하고 물을 뿌려 살짝 적신다. 이것을 찹쌀떡에 붙이는데 꽃잎이 뭉치지 않고 원형을 유지하도록 주의하고, 기름 두른 노구솥에 부친다. 꿀을 적셔 먹기도 한다. 국전(菊煎), 국화떡[菊餅]이라고도 하며, 제사에 올리기도 한다.

때로는 절기가 일러 국화가 피지 않는 경우도 있다. 이덕무(李德懋)는 중양절에 국화가 피지 않아 대신 국화 잎으로 화전을 부친 적이 있다.[4] 이만부(李萬敷)는 중양절에 국화가 피지 않으면 국화떡 대신 밤단자를 제사에 올린다고 하였다.[5] 이종성(李宗城) 역시 중양절에는 국화떡 또는 밤단자를 올린다고 하였다.[6]

九日

採黃菊花, 爲糯米餻, 與三日鵑花餻同, 亦曰花煎. 按西京雜記, 漢武帝宮人 賈佩蘭, 九日食餌, 方言餌謂之餻. 又按孟元老東京夢華錄, 都人重九以粉麵蒸 餻相遺, 今之菊餻, 蓋沿于此. 細切生梨、柚子與石榴、海松子, 澆以蜜水, 名曰 花菜, 並以時食供祀.

都俗登南北山, 飮食以爲樂, 蓋襲登高之古俗也. 靑楓溪、後凋堂、南北漢、 道峯、水落山有賞楓之勝.

10월

十月

오일

　오일은 속칭 말의 날[馬日]이라고 한다. 팥으로 시루떡을 만들어 마구간에 차려놓고 신에게 말이 건강하기를 빈다. 병오일에는 하지 않는다. 병(丙)과 병(病)의 음이 비슷하므로 말이 병들까 봐 꺼리는 것이다. 무오일(戊午日)을 귀하게 여긴다.

❋

　1월의 첫 번째 오일(午日)을 상오일(上午日)이라 하여 특별한 의미를 부여하는 것은 『삼국유사』 사금갑 설화에서 유래한 풍습인데, 이것이 10월로 옮겨진 이유는 알 수 없다. 조수삼의 「세시기」에 10월 오일에 무떡[蘿葍粽]을 만들어 먹는데, 무오일인 경우는 무채[武候菜]를 만든다고 하였으며, 『주영편』에 "백성이 10월 상오일을 말날이라고 하며 큰 명절로 여긴다."라고 하였다. 『세시풍요』와 「해동죽지」에서는 말과 관련된 풍속이라 하였으나, 조선시대에 말은 상당히 귀한 것이었던 만큼 그다지 보편적인 풍속이었던 것으로 보이지는 않는다. 일부 지역의 민간 풍속으로 추정된다.

午日

午日俗稱馬日, 作赤豆甑餅, 設廐中, 以禱神, 祝其馬健. 丙午日則不用, 丙與病音相似, 忌馬病也, 以戊午日爲貴.

10월 기타

내의원에서 우유죽을 만들어 임금에게 올린다. 10월 초하루부터 1월 까지 한다. 기로소에서도 우유죽을 만들어 나이 많은 신하들에게 준다. 1월 보름에 그친다.

민가에서는 10월을 상월(上月)이라고 하는데 무당을 불러 성주신을 맞이하고 떡과 과일을 차려 기도하여 집이 평안하기를 빈다.

20일에는 매년 거센 바람이 불고 날씨가 추운데 이를 손돌바람[孫石 風]이라고 한다. 고려 왕이 바닷길로 강화도에 들어갈 때 뱃사람 손돌 [孫石]이 배를 몰았다. 험한 어귀로 들어가자 고려 왕이 의심하고 화를 내어 그를 죽이라고 명하였는데, 얼마 뒤 험한 곳을 빠져나왔다. 지금까지 그곳을 손돌목[孫石項]이라고 한다. 손돌이 해를 당한 날이 이날이 므로 원기가 그렇게 만드는 것이다.

도성에서는 숯을 피우고 화로 속에 달군 쇠를 넣어 쇠고기를 굽는다. 기름, 간장, 계란, 파, 마늘, 후춧가루를 넣고 화로를 둘러싸고 앉아서 먹는데, 난로회(煖爐會)라고 한다. 이달부터 추위를 막는 제철 음식으로 먹으니, 옛날의 난난회(煖暖會)와 같다. 또 쇠고기와 돼지고기에 무, 오이, 파, 마늘, 계란을 섞어 탕을 만드는데, 열구자(悅口子), 신선로(神仙爐) 라고 한다. 『세시잡기』를 보면 "도성 사람들은 10월 초하루에 술을 마련하여 화로에서 저민 고기를 구우며 둘러 앉아 먹고 마시는데, 이를 난로(煖爐)라고 한다." 하였다. 또 『동경몽화록』을 보면 "10월 초하루에 담당 관사에서 난로탄(煖爐炭)을 올리고, 민간에서도 모두 술을 마련하여 난로회를 연다." 하였는데, 지금 풍속도 그러하다.

메밀가루로 만두를 만들고, 채소, 파, 닭고기, 돼지고기, 소고기, 두부를 속에 싸서 뜨거운 장에 익혀 먹는다. 또 밀가루를 사용하여 세모 모양으로 만들기도 하는데, 변씨만두(卞氏饅頭)라고 한다. 변씨가 만들기 시작하여 이렇게 이름 지은 듯하다. 『사물기원(事物記原)』을 보면 "제 갈량(諸葛亮)이 맹획(孟獲)을 정벌할 때 사람들이 '남만(南蠻)의 풍속에 따르면 반드시 사람을 죽여 그 머리로 제사를 지내야 귀신이 흠향하고 음병(陰兵)을 보낸다.'[1] 하였으나 공은 따르지 않았다. 그 대신 양고기와 돼지고기를 밀가루로 싸서 사람 머리 모양으로 만들어 제사지냈다. 귀

「성협풍속화첩(成夾風俗畫帖)」
중 〈야연(野宴)〉, 국립중앙박물
관 소장.
나무 그늘 아래에 모여 고기를
구워 먹는 모습이다.

신도 받아먹고 음병을 보내주었다. 훗날 사람들이 이로 말미암아 만두
라고 불렀다. 소쿠리에 넣어 찌므로 찐떡[蒸餅], 농병(籠餅)이라고도 한
다. 당나라 사람 후사지(侯思止, ?~693)가 먹을 때 반드시 파를 줄이고
고기를 더 넣었다는 음식이 바로 이것이다.[2] 또 멥쌀떡만두, 꿩고기만
두, 김치만두가 있는데, 김치만두가 가장 소박한 명절 음식이다. 그 근
원을 따져보면 무후(武侯: 제갈량)에게서 비롯된 것인데 지금은 좋은 음
식이다.

두부를 얇게 썰고 꼬치에 꿰어 기름에 부치고, 닭고기를 넣어 끓인
국을 연포(軟泡)라고 한다. 포는 두부이니, 한나라 회남왕(淮南王)이 처
음 만들었다.[3] 방옹의 시에 "시루를 씻고 여기(黎祁)를 굽는다."[4] 하였는
데, 주석에 "촉 지방 사람은 두부를 여기라고 한다." 하였으니 지금의

연포가 바로 이것이다. 겨울 쑥의 연한 싹을 캐서 쇠고기와 계란을 넣어 끓인 쑥국[艾湯]이라고 한다. 또 가루로 빻아서 찹쌀가루를 넣고 둥근 떡으로 만들어 굽고, 콩가루와 꿀을 바른 것을 쑥단자[艾團子]라고 한다. 또 찹쌀가루로 둥근 떡을 만들고 삶은 콩과 꿀을 섞어 붉은색을 낸 것을 밀단고(蜜團餻)라고 하는데, 모두 초겨울의 제철 음식이다.

찹쌀가루를 술로 반죽하여 크고 작은 조각으로 썰고, 햇볕에 말려 기름에 지지면 고치 모양으로 부풀어 오르는데 속은 텅 비었다. 흰깨, 검은깨, 누런 콩가루, 검은 콩가루를 엿으로 붙인 것을 강정[乾飣]이라고 한다. 남전(藍田) 사람 여씨(呂氏) 집안 음식 중에 원양견(元陽繭)이라는 것이 이것이다. 또 「병이한담(餠餌閒談)」을 보면, "수병(饊餠)은 콩가루에 설탕을 섞어 만든다. 또 참깨를 붙이기도 한다. 호병(胡餠), 마병(麻餠)이라고 한다." 하였는데, 역시 이와 비슷하다. 이달부터 제철 음식으로 삼아 시장에서 많이 판다. 또 오색 강정도 있고, 잣을 붙이거나 잣가루를 바른 것도 있는데 잣강정[松子乾飣]이라고 한다. 찹쌀을 볶아 꽃 모양으로 만들고 엿을 붙인 것을 매화강정[梅花乾飣]이라고 한다. 붉은색과 흰색 두 가지가 있다. 설날과 봄철에 민간의 제사 음식으로 과일과 함께 쓴다. 또한 세찬으로 손님에게 대접하기도 하는데, 없어서는 안 되는 음식이다.

도성에서는 무, 배추, 마늘, 고추, 소금을 사용하여 장독에 김치를 담근다. 여름의 장 담그기와 겨울의 김장은 민가에서 한 해를 준비하는 중요한 일이다.

충청도 보은(報恩)의 속리산 꼭대기에 대자재천왕사(大自在天王祠)가 있는데, 그 신이 매년 10월 인일(寅日)에 법주사(法住寺)로 내려온다. 산에 사는 사람들이 풍악을 울리며 신을 맞이하여 제사지내는데, 45일 머물다가 돌아간다.【『동국여지승람』에 보인다.】

❋

우유죽은 타락죽(駝酪粥)이라고도 한다. 타락죽 진상은 인조조에 이미 관례로 자리 잡았으며, 조선 말기까지 계속되었다. 타락죽 제조를 담당하는 타락장(駝酪匠)을 따로 두고 10월 1일부터 겨울에 한하여 진상하였다. 홍석모가 궁중에서 하사하는 타락죽을 나누어 받고 이를 기념하는 시를 지은 점으로 미루어, 때로는 관원들에게 나누어주기도 한 것으로 보인다.[5]

홍석모는 손돌바람과 손돌목의 명칭이 고려시대 뱃사람 손돌에게서 비롯되었다고 하였는데, 손돌 이야기는 허구라는 견해가 지배적이다.[6] 문헌상으로 손돌목이라는 지명은 1678년(숙종4) 돈대(墩臺)를 설치하기 위해 강화도를 둘러본 김석주(金錫冑)가 올린 별단(別單)에 처음 보인다.[7] 손돌 전설이 정리된 형태로 처음 등장하는 문헌은 1765년 홍양한(洪良漢)의 건의로 편찬된 『여지도서(輿地圖書)』인데, 홍석모는 이 책을 보고 손돌 전설을 옮겨 적었을 가능성이 높다. 참고로 강화도에 세거한 이건창

(李建昌) 역시 손돌에 관한 기록을 남겼으며, 손돌이 죽은 날을 10월 20일이라고 명시하였다.[8]

난로회는 구이 또는 전골을 먹는 모임이다. 주로 밤에 열렸던 것으로 보인다. 1781년(정조5) 겨울, 정조가 각신 및 승지들과 궁중에서 난로회를 열고 시를 수창한 일이 있다.[9] 홍석모 역시 1804년 1월 9일 벗들과 난로회를 열고 시를 지었다.[10] 난로회에서 먹는 음식 중의 하나가 신선로인데, 우리 고유의 음식처럼 알려져 있지만 그렇지 않다. 1722년경 편찬된 『소문사설(諛聞事說)』에 '열구자탕(熱口子湯)'이라는 중국 음식으로 등장하며, 우리나라 사람들이 그 그릇을 사온다고 하였다.

만두에 대한 기록은 적지 않으나 변씨만두에 대한 언급은 홍석모의 기록을 제외하면 찾기 어렵다. 「만두를 읊다. 격범, 학산과 함께 읊다[詠饅頭, 與隔凡鶴山共賦]」(『도애시집』 12책)에서 "뛰어난 품질 누가 만들 수 있나 변씨의 무리라네.[妙品誰能卞氏儔]" 하였고, 「만두를 읊다」(『도애시집』 17책)에 "변씨의 것이 제철 음식 으뜸으로 이름났네[樣自武候媚神飽, 名傳卞氏擅時需]" 하였다.

연포탕은 두부탕이다. 『산림경제』에 만드는 법이 자세하다.[11] 두부를 잘게 썰어 꼬치에 꽂고, 새우젓국을 넣은 물에 끓이되 베를 덮어 소금물이 스며 나오게 한다. 그 속에 두부꼬치를 담가 살짝 익으면 꺼내고, 남은 국물에 굴을 넣어 끓인다. 다진 생강을 넣기도 한다. 두부는 능원에 딸린 사찰에서 제조하였다.

강정 만드는 법은 『열양세시기』에도 보이지만 『동국세시기』가 좀더 자세하다. 홍석모가 강정을 소재로 지은 시도 있다.[12]

月內

內醫院造牛乳酪以進, 自十月朔日至正月, 又自耆老所造酪, 以養諸耆臣, 至正月上元而止.

人家以十月爲上月, 邀巫迎成造之神, 設餅果祈禱以安宅兆.

二十日每年有大風寒, 謂之孫石風. 蓋麗王由海路入江華, 船人孫石進舟, 入一險口, 麗王疑怒命斬之, 未幾脫險, 至今稱其處曰孫石項, 孫石之被害卽是日, 而怨氣使然也.

都俗熾炭於爐中置煎鐵, 炙牛肉, 調油醬、鷄卵、葱蒜番椒屑, 圍爐啗之, 稱煖爐會. 自是月爲禦寒之時食, 卽古之煖暖會也. 又以牛猪肉雜菁芹、葷菜、鷄卵作醬湯, 有悅口子、神仙爐之稱. 按歲時雜記, 京人十月朔沃酒, 乃炙臠肉於爐中, 團坐飲啗, 謂之煖爐. 又按東京夢華錄, 十月朔有司進煖爐炭, 民間皆置酒作煖爐會, 今俗亦然.

用蕎麥麵造饅頭, 包以蔬葱、鷄猪牛肉、豆腐爲餡, 醬湯熟食. 又以小麥麵作三稜樣, 稱卞氏饅頭, 蓋始於卞氏而得名也. 按事物記原, 諸葛公之征孟獲, 人曰蠻俗必殺人, 以其首祭, 則神享爲出陰兵. 公不從, 因雜用羊豕之肉, 而包之以麵, 象人頭以祀, 神亦享焉而爲出兵. 後人由此爲饅頭, 入籠而蒸, 故亦曰蒸餅、籠餅. 侯思正所食, 必令縮葱加肉者是物也. 又有粳餅、雉肉、萵苣饅頭, 而菠茉最爲眞率之時食, 究其原, 則肇自武侯, 而今爲饌饍佳品, 用豆腐細切成串, 油煮調鷄肉作羹, 曰軟泡. 泡是豆腐, 而始自淮南王也. 按放翁詩, 洗甑煮黎祁, 註蜀人以豆腐謂黎祁, 今之軟泡卽此. 採冬艾嫩芽, 調牛肉、鷄卵作羹, 曰艾湯. 又搗入糯米粉, 作團饊以熟, 豆粉和蜜粘之, 曰艾團子. 又糯粉成團饊, 用熟豆和蜜, 發紅色, 曰蜜團饊, 皆自初冬爲時食也.

用糯米粉酒拌, 切片有大小, 曬乾煮油, 起酵如繭形中虛, 以炒白麻子、黑麻子、黃豆、靑豆粉, 用飴粘之, 名曰乾飣. 按藍田呂氏家品, 名元陽繭者, 卽是物也. 又按餅餌閒談, 餻餅以豆屑, 雜糖爲之. 又以胡麻着之, 名胡餅、麻餅亦類此也. 自是月爲時食, 市上多賣之. 又有五色乾飣, 又以海松子粘附松子屑塗粘, 曰松子乾飣. 炒糯稻起作花樣飴粘, 曰梅花乾飣. 有紅白兩色, 至于正朝、春節, 人家祭品, 參用果列, 亦以歲饌供客, 而爲不可廢之需.

都俗以蔓菁、菘、蒜、椒、塩沈菹于陶甕, 夏醬冬菹, 卽人家一年之大計也.

報恩俗, 俗離山頂有大自在天王祠, 其神每年十月寅日下降于法住寺, 山中人設樂迎神以祠之, 留四十五日而還.【見輿地勝覽】

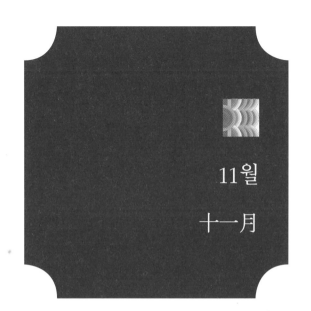

11월

十一月

동지

동짓날은 작은 설[亞歲]이라고 한다. 팥죽을 쑤고 찹쌀가루를 새알 모양으로 만들어 그 속에 넣어 심으로 삼는다. 꿀을 타서 명절 음식으로 제사에 올린다. 팥죽을 대문에 뿌려 액운을 없앤다. 『형초세시기』를 보면 "공공씨(共工氏)에게 어리석은 아들이 있었는데 동짓날에 죽어서 역귀가 되었다. 팥을 무서워하므로 동짓날에는 죽을 만들어 쫓는다." 하였다. 유자휘(劉子翬, 1101~1147)의 동짓날 시에 "팥죽으로 귀신 물리치는 형(荊) 지방 풍속이 어여쁘네." 하였는데, 지금 풍속도 그러하다.

관상감에서 역서(曆書)를 올리면 누런 표지나 흰 표지로 장정하여 백관에게 나누어준다. 동문지보(同文之寶)¹를 날인한다. 관서들도 모두 나누어 받는다. 각 관사의 서리는 친한 사람들의 집을 두루 방문하는 관례

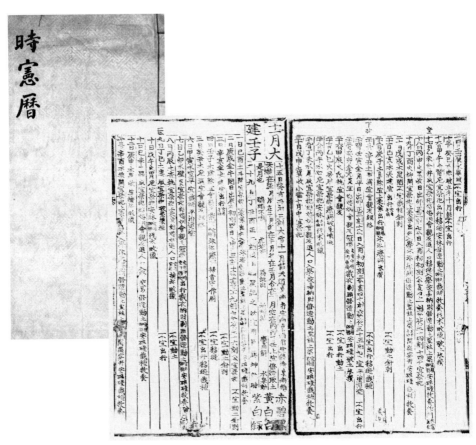

『시헌력(時憲曆)』, 서울대학교 규장각한국학연구원 소장.
달력의 일종이다. 관상감에서 제작하여 국왕에게 바치면 국왕이 신하들에게 나누어주었다.

가 있다. 이조의 서리는 각기 전담하여 고신(告身: 임명장)을 써주는 관원이 있는데, 그 사람이 수령으로 나가면서 당참전(堂參錢)을 준다. 그러므로 으레 푸른 표지로 장정한 역서 한 권을 바친다. 도성의 옛 풍속에 따르면 단옷날 부채는 관원이 서리에게 나누어주고, 동짓날 역서는 서리가 관원에게 바친다. 이를 두고 '여름 부채와 겨울 역서[夏扇冬曆]'라고 한다. 이것이 시골의 친지와 조상의 산소가 있는 마을, 농장까지 퍼진다.

내의원에서는 육계(肉桂), 산초(山椒), 설탕, 꿀을 쇠가죽으로 싸고 구워서 굳은 기름을 만드는데, 이를 전약(煎藥)이라고 하여 올린다. 각 관사에서도 만들어서 나누어준다.

❀

동짓날 팥죽에 대한 기록은 고려시대 문헌에도 보인다. 이제현(李齊賢, 1287~1367)의 「동지(冬至)」 시를 보자.

그립구나 우리집 형과 아우는	最憶吾家弟與兄
석숭(石崇)처럼 순식간에 팥죽 끓이겠지[2]	齊奴豆粥咄嗟烹

이 부분에는 "우리나라 사람은 동지에 반드시 팥죽을 끓인다.[東人冬至必烹豆粥]"라고 주석이 달려 있다. 이색의 시에도 동지 팥죽에 대한 언급이 보이는데, 꿀을 타서 먹기도 하였다.[3] 본디 역귀를 물리치기 위한 음식이므로 제사에 써서는 안 된다는 견해도 있었으며, 영조는 공공씨 이야기가 터무니없다며 팥죽을 문에 뿌리는 것을 금지한 적도 있다.[4]

역서에 관한 내용은 『경도잡지』에서 인용한 것이다. 관청에 소속되어 있으면서 친분이 있는 관원 집안의 업무를 전담하여 보아주는 서리를 '단골서리'라고 한다. 이들은 대를 이어 공생관계를 유지했던 것으로 보인다. 관원이 지방 수령으로 부임하면 단골서리에게 인사 명목으로 주는 돈을 당참전 또는 당참채라고 하는데, 조선 초기부터의 관례이다. 『주영편』에 따르면 동지에 역서를 반포하는 관례는 명나라 초기의 제도를 따른 것이라 하는데, 김안로(金安老, 1481~1537)의 문집에 "매년 동지 이후에 새 역서를 반포한다."[5]라고 하였으니, 조선 초기부터의 관례이다.

전약 만드는 법은 『동의보감』에 자세하다. 백강(白薑) 5냥, 계심(桂心) 1냥, 정향(丁香), 호초(胡椒) 각 1냥 반을 각각 따로 고운 가루를 만들고, 굵은 대추를 씨를 발라내고 살을 쪄서 두 바리때[鉢] 분량의 고(膏)를 만든다. 아교(阿膠)·달인 꿀[煉蜜] 각 세 바리때를 준비한다. 먼저 아교를 녹이고 다음에 대추·꿀을 넣어 삭인 뒤에 네 가지 약을 넣어 고루 저어 끄느름한 불로 달여, 체에 밭여 그릇에 저장하였다가 엉긴 뒤에 꺼내 쓴다.

冬至

冬至日, 稱亞歲. 煮赤豆粥, 用糯米粉, 作鳥卵狀, 投其中爲心, 和蜜以時食供祀. 灑豆汁於門板, 以除不祥. 按荊楚歲時記, 共工氏有不才子, 以冬至死爲疫鬼, 畏赤小豆, 故冬至日作粥以禳之. 劉子翬至日詩云, 豆糜厭勝憐荊俗, 今俗亦然.

觀象監進曆書, 頒黃粧、白粧于百官, 安同文之寶, 諸司皆有分兒, 各司吏胥, 又有遍問所親家之例, 吏曹吏各於仕宦家, 有句管掌寫告身者, 若出宰則給堂參錢, 故例獻靑粧一卷, 蓋都下舊俗, 端午之扇, 官分于吏, 冬至之曆, 吏獻于官, 是謂夏扇冬曆. 波及鄕曲親知、墓村農庄.

內醫院以桂、椒、糖、蜜, 用牛皮煮成凝膏, 名曰煎藥以進, 各司亦有造出分供者.

11월 기타

종묘에 청어를 바친다. 사대부 집안에서도 한다. 『예기』「월령」을 보면 "12월에 천자가 생선을 맛보고 먼저 종묘에 바친다." 하였는데, 우리나라 제도 역시 그러하다. 청어는 통영과 해주에서 가장 많이 난다. 겨울과 봄에 진상한다. 어선이 경강(京江)에 와서 정박하면 즉시 시장에 두루 퍼지는데, 생선장수들이 길을 다니며 사라고 소리친다. 통영에는 전복과 대구가 있는데 역시 진상한다. 아울러 진상하고 남은 것은 (2품 이상 관원인) 경재(卿宰)에게 선물로 보내는 것이 관례다.

제주목(濟州牧)에서 귤, 유자, 홍귤을 공물로 올리면 종묘에 바치고 궁액과 근시(近侍)에게 나누어준다. 옛날 탐라의 성주(星主)가 공물로 바칠 때는 축하하며 과거를 설행하였는데,[6] 우리나라도 이를 따라 성균관과 사학 유생에게 귤을 나누어주고 과거를 설행한다. 이를 감제(柑製)라고 한다. 시험하고 뽑는 것은 절제(節製)의 규례와 같다. 우등한 자에게는 반드시 급제를 하사한다.

충남 홍주(지금의 홍성)의 합덕지(合德池)에는 매년 겨울 용갈이[龍耕]라는 기이한 일이 생긴다. 남쪽에서 북쪽으로 세로로 물가까지 갈라지면 그 해는 풍년이 들고, 서쪽에서 동쪽으로 가운데를 가로질러 갈라지면 흉년이 든다. 동서남북 종횡으로 가지런하지 않으면 풍흉이 반반이다. 농민들은 이를 통해 내년 농사를 짐작하는데 번번이 맞는다. 경상도 밀양의 남지(南池)에도 용갈이가 있어 이로써 농사를 점친다.

메밀국수를 무김치와 배추김치에 담가 돼지고기를 넣은 것을 냉면이라고 한다. 또 여러 가지 채소, 배, 밤, 소고기, 돼지고기 절편과 기름장을 국수와 섞은 것을 골동면(骨董麵)이라고 한다. 평안도의 면이 가장좋다. "나부산(羅浮山) 영노(潁老)가 여러 가지 음식을 얻어서 섞어서 끓였는데, 골동갱(骨董羹)이라 하였다."[7]라고 하였는데, '골동'은 섞는다는뜻이다. 지금의 비빔국수가 이와 비슷하다. 강남 사람들은 반유반(盤遊飯)을 잘 만드는데, 젓갈, 말린 고기, 회, 구운 고기를 모두 밥 아래에넣은 것이다. 이것은 밥의 골동[비빔밥]이니, 예로부터 이미 이런 음식이있었던 것이다.
작은 무로 담근 김치를 동치미[冬沈]라고 한다. 곶감을 넣고 끓인 물에 생강과 잣을 넣은 것을 수정과(水正果)라고 한다. 모두 겨울의 제철 음식이다. 새우젓을 가라앉히고 무, 배추, 마늘, 생강, 고추, 청각, 전복, 소라, 굴, 조기, 젓갈을 넣고 여러 가지 김치를 만든 다음, 장독에 넣어 겨울을 나면 매워서 먹을 만하다. 또 무, 배추, 미나리, 생강, 고추를 장에 담가 김치로 먹기도 한다.

❀

『종묘의궤』에 따르면 11월의 천신 품목은 청어 외에도 뱅어[白魚], 빙어[苩魚], 고니[天鵝], 당유자(唐柚子) 등이 있다. 청어를 천신하기 시작한 것은 세종조이며, 이때는 정월의 천신 품목이었다. 『국조오례의』 「천신종묘의」에도 정월의 천신 품목으로 되어 있다.[8] 천신 품목이 시대에 따라 바뀌는 현상은 기후 변화 및 수급 상황에 유동적으로 대처했다는 사실을 알려준다. 국가에서 가장 중시하는 종묘조차 그러할진대, 일반 가정의 경우는 말할 것도 없다. 전통이라는 명분에 얽매여 제철에 구하기 힘든 물품을 고집할 필요는 없는 것이다.

감제는 황감제(黃柑製)라고도 하며, 조선 초기부터 시행된 절일제(節日製)이다. 『연려실기술』에 따르면 황감제 수석에게 전시(殿試: 문·무과의 최종 시험)에 곧바로 응시할 자격을 주는 것은 1605년(선조38) 이경직(李景稷, 1577~1640)으로부터 시작되었다고 한다.[9] 이경직은 1605년 12월 12일에 시행된 황감제에서 수석을 차지하고 이듬해 곧바로 전시에 응시하여 합격하였다.

용갈이는 호수 등의 얼음에 금이 가는 현상이다. 1408년(태종15) 황해도 연안 남대지(南大池)에서 용갈이 현상이 보고되자 매년 봄가을로 제사지내게 하였다.[10] 이 밖에도 용갈이에 대한 기록은 여러 곳에 보인다. 합덕지의 용갈이에 대한 홍석모의 설명은 조부 홍양호의 「합호용경기(合湖龍耕記)」에 근거한 것으로 보인다.[11] 홍양호는 촌로의 전언을 인용하여 얼음이 남북으로 갈라지면 풍년의 징조이며 동서로 갈라지면 흉년의 징조라고 하였는데, 『오주연문장전산고』에 따르면 갈라진 틈의 깊이로 점을 친다고 하였다.[12]

골동면에 대한 기록은 사촌형 홍경모의 『관암전서(冠巖全書)』에서 인용한 것으로 보인다.[13] 『관암전서』의 주석에 따르면 주석에 "우리나라 풍속에 면을 여러 가지 채소와 배, 석류, 닭, 돼지 따위를 섞어 만든 음식을 골동면이라 하는데 평안도에서 유명하다." 하였다. 『오주연문장전산고』에도 냉면과 골동반은 평양의 특산물로 기록되어 있다.[14]

月內

薦青魚于太廟, 卿士家亦行之. 按禮記月令, 季冬之月, 天子嘗魚, 先薦寢廟, 國制亦然. 靑魚之産統營、海州最盛, 冬春進供, 魚舡來泊京江, 卽遍市上漁商沿街叫賣. 統營則有甲生鰒、大口魚, 亦爲進上, 並以封餘例饋卿宰.

濟州牧進貢橘、柚、柑子, 薦于太廟, 頒賜宮掖、近侍之臣. 昔耽羅星主貢獻時, 稱賀設科, 本朝因之, 試太學、四學儒生頒柑科, 名曰柑製. 考取如節製之例, 居魁者必賜第.

湖西洪州合德池, 每年多有龍耕之異, 自南而北, 縱而薄岸則歲穰, 自西而東, 徑斷其腹則荒, 或西或東, 或南或北, 橫縱不整, 則荒穰半, 農人推之來歲輒驗. 嶺南密陽南池, 亦有龍耕以驗年事.

用蕎麥麵沈菁菹、菘菹和猪肉, 名曰冷麵. 又和雜菜、梨、栗、牛猪切肉、油醬於麵, 名曰滑[15]董麵, 關西之麵最良. 按羅浮穎老取諸飲食, 雜烹之, 名曰骨董羹, 骨董雜之義也, 今之雜麵類此. 江南人好作盤遊飯, 鮓脯膾炙, 無不埋在飯下, 此卽飯之骨[16]董, 而自古已有此食品也. 取蔓菁根, 小者作菹, 名曰冬沈, 以乾柿沈熟水和生薑、海松子, 名曰水正果, 皆冬節時食也. 用蝦鹽汁候淸, 沈蔓菁、菘、蒜、薑、椒、靑角、鰒、螺、石花、石首魚、醯作雜菹, 儲陶甕和淹經冬, 辛烈可食. 又以蔓菁、菘、芹、薑、椒沈醬菹食之.

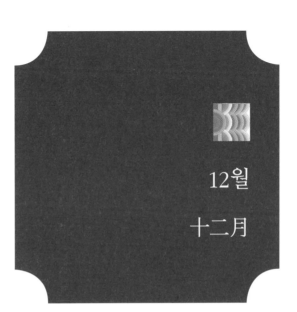

12월

十二月

납일

　우리나라에서는 동지 이후 세 번째 미일(未日)을 납일(臘日)로 정하고 종묘사직에 큰 제사를 지낸다. 『지봉유설』을 보면 채옹(蔡邕)의 설을 인용하여 "청제[靑帝: 목(木)]는 미일(未日)을 납일로 정하고, 적제[赤帝: 화(火)]는 술일(戌日)을 납일로 정하고, 백제[白帝: 금(金)]는 축일(丑日)을 납일로 정하고, 흑제[黑帝: 수(水)]는 진일(辰日)로 납일을 정하였다. 우리나라에서 미일을 납일로 정한 것은 동방이 목(木)에 속하기 때문이다." 하였다.

　내의원에서는 각종 환약을 만들어 바친다. 납약(臘藥)이라고 하며, 가까운 신하에게 나누어준다. 청심원(淸心元)은 답답한 데 좋고, 안신원(安神元)은 열을 내리는 데 좋고, 소합원(蘇合元)은 체한 데 좋다. 이 세 가지가 가장 요긴하다.

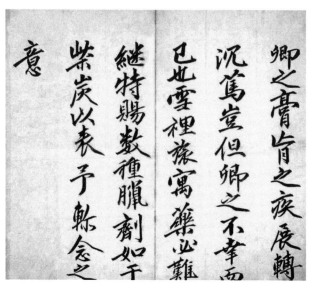

숙종의 어찰. 나주 회진 나주 임씨 창계 후손가 소장.
1695년 숙종이 임영(林泳)에게 내린 편지로, 납약을 하사한다는 내용이다.

정조 경술년(1790), 제중단(濟衆丹)과 광제환(廣濟丸) 두 종을 새로 만들었는데, 이것은 성상의 뛰어난 생각에서 나온 것으로 소합원에 비해 효과가 더욱 빠르다. 여러 영문(營門)[1]에 나누어주어 군졸을 치료하는데 쓰게 하였다. 기로소에서도 납약을 만들어 나이 많은 신하들에게 나누어준다. 각 관사에서도 만들어 나누어주는 경우가 많고, 선물로 주기도 한다.

납육(臘肉)은 돼지고기와 토끼고기를 쓴다. 경기 산간 고을에서는 옛날에 납일에 쓸 돼지를 공물로 바치기 위해 백성을 풀어서 잡게 하였는데, 정조가 특별히 혁파하고 경포수(京砲手)[2]를 시켜 용문산(龍門山)과 축령산(祝靈山)에서 사냥하여 바치게 하였다. 또 참새를 잡아 아이에게 먹이면 천연두에 좋다. 민간에서는 이날 그물을 치거나 탄환을 던져 잡는데, 총을 쏘아 잡는 것도 허락한다.

납일에 내린 눈이 녹은 물을 약으로 쓴다. 물건을 담그면 좀이 슬지 않는다.

✳

납일의 납(臘)은 사냥을 뜻하는 엽(獵)에서 유래하였다. 고대 중국에서는 동지 이후에 사냥을 하고 이때 잡은 짐승으로 조상에게 제사를 지내는 것이 관례였다. 이 무렵 짐승들이 겨울나기를 준비하느라 지방이 축적되어 가장 맛이 좋기 때문이다. 하나라의 가평(嘉平), 은나라의 청사(淸祀), 주나라의 대사(大蜡), 한나라의 납(臘)이 모두 한 해를 마무리하는 납일 제사이다.

역대 왕조는 납일을 각기 달리 정하였는데, 이는 각 왕조에 해당하는 오행(五行)을 따른 결과이다. 왕조의 오행이 목(木)에 해당하면 미일(未日), 화(火)에 해당하면 술일(戌日), 수(水)와 토(土)에 해당하면 진일(辰日), 금(金)에 해당하면 축일(丑日)을 납일로 정한다. 그러나 중국에서는 불교가 전래된 뒤로 간지에 관계없이 12월 8일을 납일로 삼는 관례가 굳어졌다.

조선의 경우는 미일을 납일로 삼았다. 『지봉유설』에서는 조선이 동쪽에 있어 목(木)에 해당하므로 미일을 납일로 삼았다고 하였다.[3] 이러한 인식은 널리 퍼져 있었으며 홍석모 역시 이를 따랐는데, 사실과는 거리가 있다. 조선이 오행으로 목(木)에 해당하는 이유는 동쪽에 있기 때문이 아니라 오행상생(五行相生)의 원리에 따라 수덕(水德)을 표방한 고려를 계승한 결과이다. 이 점에 대해서는 『주영편』에 자세하다.

납일에 지내는 납향(臘享)은 종묘의 5대 제향 중 하나였다. 납일의 기원에 비추어보면 군주가 직접 사냥한 짐승을 제물로 올려야 하겠으나, 조선 초기 이후 군주의 사냥은 좀처럼 허용되지 않았으므로 납향에 사용하는 납육은 각 지방에서 진상하였다. 원래 멧돼지와 사슴을 잡아 바쳤으나 폐단이 심하였으므로 정조가 혁파하였다. 『정조실록』에 관련 내용이 있다.

민간에서도 납일 제사를 중시하였으며, 제사를 마친 뒤에는 잔치를 열어 즐겼다. 이를 납연(臘宴)이라 한다. 조선 중기 문인인 장유(張維, 1587~1638)의 『계곡집』에는 「납일에 동자가 참새를 잡으며 노는 광경을 보고[臘日看童子捕鳥雀戲]」라는 시가 보이므로[4] 납일의 참새 사냥은 이미 조선 중기에 풍속으로 자리 잡은 듯하다. 『도애시집』 18책에 납일에 아이들이 참새를 잡아 꼬치에 구워 먹는 모습을 묘사한 「황작전(黃雀煎)」이 보인다.

조정에서는 납약을 대량으로 제조하여 관원들에게 하사하였다. 위에서 언급한 5종 외에도 용뇌고(龍腦膏), 운모고(雲母膏), 포룡원(抱龍元), 사청원(瀉靑元), 자금원(紫金元), 박하전(薄荷煎) 등 다양한 약재를 납약으로 하사하였다. 여기서는 제중단과 광제환을 1790년에 처음 조제하

였다고 하였으나, 1789년 현륭원 조성에 참여한 군졸들을 치료하는 데 사용하게 한 기록이 보인다.[5]

납일에 내린 눈을 받아 녹인 납설수(臘雪水) 역시 약재로 쓰였다. 『본초 강목』에 따르면 납일 전에 눈이 세 번 내리면 이듬해 농사는 풍년이 든 다고 하였다. 『주영편』에 따르면 눈이 토양을 적시고 해충을 죽이는 효 과가 있기 때문이라 한다. 『도애시집』 13책 「납일의 눈[臘日雪]」에는 "뿌 리면 파리를 쫓고 담그면 좀이 슬지 않는다.[汎辟飛蠅浸不蛀]" 하였다.

臘

本朝用冬至後第三未日置臘, 行廟社大享. 按芝峯類說, 引蔡邕之說, 靑帝以 未臘, 赤帝以戌臘, 白帝以丑臘, 黑帝以辰臘, 我國臘用未, 蓋以東方屬木云.

內醫院造丸劑各種以進, 名曰臘藥, 頒賜近密. 淸心元主悶塞, 安神元主熱, 蘇合元主瘴, 三種爲最要. 健陵庚戌, 新製濟衆丹, 廣濟丸二種, 寔出睿思, 比蘇 合元效尤速, 頒示諸營門, 俾爲軍卒救療. 又自耆老所造臘劑, 分諸耆臣. 各司 亦多造出分供, 又相送遺.

臘肉用猪用兎, 畿內山郡舊貢臘猪, 發民搜捕. 健陵特罷之, 以京砲手獵龍門, 祝靈諸山以進, 又捕黃雀飼小兒善痘, 閭巷間是日張羅挾彈, 又許放銃以捕之.

臘雪取水爲藥用, 漬物則不生蛀.

섣달그믐

조정 관원 2품 이상 및 시종신은 대궐에 나아가 묵은해 문안을 드린
다. 사대부 집안에서는 가묘에 나아간다. 나이 어린 이는 친척 어른을
차례로 찾아가는데, 묵은세배[拜舊歲]라고 한다. 해질 무렵부터 밤까지
거리를 지나는 등불이 끊이지 않고 이어진다.

대궐 안에서는 섣달그믐 전날부터 대포를 쏘는데 연종포(年終砲)라고
한다. 불화살을 쏘고 징과 북을 치니, 대궐에서 역귀를 물리치기 위해
시행하는 대나(大儺)에서 유래한 것이다. 또 섣달그믐과 설날에 폭죽으
로 귀신을 놀라게 하는 제도를 본뜬 것이기도 하다. 연경의 풍속을 보
면 연말부터 이 때문에 소란스러워 등절(燈節)【정월 대보름】이 지나서야
그치는데, 연라고(年鑼鼓)라고 한다. 연경의 풍속은 황성 풍속을 기록한

것인데, 우리나라에서는 대궐에서만 행한다.

섣달그믐 전 하루 이틀은 우금(牛禁)[6]을 느슨히 한다. 법사(法司)들은 패(牌)를 숨겨두었다가 설날이 되었다가 그친다. 도성 백성이 세육(歲肉)을 배불리 먹게 하려는 뜻인데, 시행하지 않을 때도 있다.

민가에서는 다락, 마루, 방, 주방에 모두 기름 등불을 켠다. 흰 사기그릇 잔 하나에 솜을 꼬아 심지를 만드는데, 외양간과 측간까지 대낮처럼 환하다. 밤새도록 잠을 자지 않는 것을 수세(守歲)라고 하는데, 수경신(守庚申)에서 비롯된 풍속이다. 온혁(溫革, 1006~1076)의 『쇄쇄록(碎瑣錄)』을 보면 "섣달그믐에 신불(神佛) 앞 및 마루, 방, 측간에 모두 새벽까지 등불을 밝히니 온 집안이 환하다." 하였다. 또 『동경몽화록』을 보면 "도성 사람들은 섣달그믐 밤에 부엌에 등불을 켜는데, 이를 조허모(照虛耗)라고 한다. 서민의 집에서는 화로를 둘러싸고 둥글게 앉아 아침까지 잠을 자지 않는데, 이를 수세라고 한다." 하였다. 또 동파가 촉 지방의 풍속을 기록하면서 "술과 밥을 준비하여 서로 초대하는 것을 별세(別歲)라고 하고, 섣달그믐에 잠을 자지 않는 것을 수세라고 한다." 하였는데, 지금 풍속은 여기서 비롯된 것이다.

속설에 따르면 섣달그믐에 잠을 자면 두 눈썹이 모두 하얗게 된다고 한다. 어린아이들은 대부분 속아서 잠을 자지 않고, 행여 잠을 자는 아이가 있으면 다른 아이가 가루를 눈썹에 바른다. 잠에서 깨면 거울을 보게 하여 놀리고 웃는다.

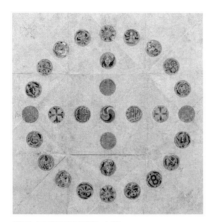

윷판. 국립민속박물관 소장.
29개의 동그라미를 원형으로 배치한 전통적인
윷판이다.

광대싸리나무 두 줄기를 갈라서 네 개로 만드는데, 윷[柶]이라고 한다. 길이는 세 치쯤 된다. 콩처럼 작게 만들기도 한다. 던져서 승부를 겨루는데, 윷놀이[柶戱]라고 한다. 네 개가 아래를 보면 모(牟), 네 개가 위를 보면 윷[流], 세 개는 아래를 보고 하나는 위를 보면 도(徒), 두 개는 아래를 보고 두 개는 위를 보면 개(開), 한 개는 아래를 보고 세 개가 위를 보면 걸(杰)이라고 한다. 윷판에 동그라미 29개를 그리고 두 사람이 마주 보고 던지는데, 각기 네 개의 말을 사용한다. 도는 한 칸, 개는 두 칸, 걸은 세 칸, 윷은 네 칸, 모는 다섯 칸을 간다. 칸마다 지름길과 돌아가는 길이 있고, 말마다 빠르고 느린 것이 있어 승부를 결정한다. 세시에 이 놀이가 가장 성행한다.

『설문해자(說文解字)』를 보면 사(柶)는 비(匕)라고 하였는데, 단지 네 개의 나무라는 뜻만 취하여 사(柶)라고 한 것이다. 또『지봉유설』을 보면, "탄희(攤戱)는 저포(樗蒲)이다." 하였는데, 윷놀이는 저포의 일종이다. 세속에 섣달그믐과 설날에 윷을 던져 새해의 길흉을 점친다. 점치는 방법은 64괘와 짝을 지어 각기 점괘가 있는데, 모두 세 번 던진다. "아이가 젖을 얻는다.” “쥐가 창고로 들어간다.” 따위가 나오면 길하다. 어떤 이의 말에 따르면 세 번 던져서 처음 던져 나온 괘로 작년의 운세를 보고, 정초와 대보름이 되어 연달아 던져서 나온 괘를 본다고 한다.

민간의 부녀자들은 흰 널조각을 짚단 위에 가로로 놓고 마주 선다. 양쪽 끝을 밟아 서로 오르락내리락 몇 자씩 뛰어오르며 지칠 때까지 즐긴다. 이를 널뛰기[跳板戲]라고 한다. 연초까지 이렇게 한다. 주황(周煌, 1714~1785)의 『유구국기략(琉球國記略)』에 “그곳 부녀자들은 판자 위에서 춤을 추는데 판무(板舞)라고 한다.” 하였는데, 이 풍속과 비슷하다.

함경도 풍속에는 빙등(氷燈)을 설치한다. 둥근 기둥처럼 만든 얼음 안에 기름 심지를 놓고 밤새 징과 북을 치고 나팔을 불며 나희(儺戲)를 설행한다. 이를 청단(靑壇)이라고 한다. 평안도에도 빙등을 설치하는 풍속이 있다. 여러 도의 고을에서는 모두 각자의 풍속에 따라 한 해를 마치는 놀이를 한다.

의주 풍속에는 민간에서 딱총[紙砲]을 쏘는데, 연경의 풍속을 본뜬 것이다.

✼

섣달그믐은 묵은 설, 또는 작은설이라고도 한다. 이날은 설날에 준하는 명절이었다. 섣달그믐의 인사를 묵은세배 또는 과세(過歲)라고 한다. 『용재총화』에 "섣달그믐의 인사를 과세라 하고, 설날의 인사를 세배라 한다." 하였으니, 섣달그믐에 설날처럼 세배를 하는 것은 조선 초기부터 있던 풍속이다.

대궐의 폭죽놀이 역시 조선 초기부터 있던 풍속이다. 화산대(火山臺)라고도 한다. 이 풍속은 조선 후기까지 계속된 것으로 보인다. 조선 후기 서얼 문인 성해응의 「난실담총」에 자세하다.[7] 『동국세시기』에는 대궐에서만 한다고 하였으나 홍석모의 시에 "마을 주위에서 폭죽을 터뜨리니 옛 풍속을 따른 것이다.[爆竹村邊仍舊俗]"[8]라는 내용이 보이므로 민간에서도 간혹 벌어진 듯하다.

조선시대에 소를 도살하는 행위는 원칙적으로 금지되어 있었으나 섣달그믐을 전후하여 사흘 정도는 단속을 중지하였다. 소 도살을 단속하는 우금패(牛禁牌)를 숨긴다는 것은 암묵적인 허가를 의미한다. 이것은 정해진 규정이 아니라 일시적인 조처에 불과하였는데, 어느새 관례가 되어 특별히 금령을 해제하는 명이 없어도 으레 연말에는 소를 잡았기에 문제가 되었다.

홍석모는 섣달그믐에 밤을 새는 수세의 풍속이 수경신(守庚申)에서 유래하였다고 보았다. 수경신은 경신일에 밤을 새는 풍속으로, 도교에서 유래하였다. 사람의 몸에 있는 삼시충(三尸蟲)이 경신일에 하늘에 올라가 그 사람의 잘잘못을 일러바치므로, 이날 잠을 자지 않으면 하늘로 올라가지 못해 액운을 면할 수 있다는 것이다. 수경신은 『고려사』에 보이며, 조선 초기에도 유행하였다.

홍석모는『유구국기략』을 인용하여 유구에도 우리와 비슷한 널뛰기 풍속이 있다고 하였다. 중국의 풍속을 거론한 것이 아니라 유구의 풍속을 거론한 점을 주목할 필요가 있다. 우리나라의 널뛰기가 유구에서 전래되었다는 주장은 분명 아니다. 동아시아 제국(諸國)이 동일한 문화를 공유하고 있다는 사실을 보여주고자 한 것이다.

함경도의 섣달그믐 풍속에 대해서는『도애시집』「섣달그믐에 율시 한 수를 짓다[除夕日得一律]」에 자세하다. 이 시는 저자가 함경도에 있을 때 지은 시인데, 위에 언급된 내용이 모두 실려 있다.

시골 사람들 역귀 쫓느라 북을 둥둥 울리고	鄕人逐儺鼓鼕鼕
관청을 세 겹으로 둘러싸고 붉은 횃불 밝히네	三匝官門火炬紅
오경까지 밤새우는 젊은이들 시끄럽고	五夜守來群少聒
한 해를 보내며 묵은 액운 녹여버리네	一年除送舊灾瀜
집집마다 땅에 제사지내고 실컷 취하고	家家地祭餘酣爛
곳곳마다 빙등 밝히니 심지가 보이네	處處氷燈片炷通
다른 지방에서 한 해를 보내니 기괴한 구경 많아	經歲殊方多詭賞
천 리 떨어지면 풍속도 다르다는 말을 알겠구나	始知千里不同風

홍석모의 또 다른 시에 "청단으로 역귀를 내쫓는 토속을 보네[靑壇逐儺土風看]"[9]라는 구절이 있는데, 부기된 주석에 "이 고을 풍속에 제석의 나례를 청단이라고 하므로 이렇게 말한 것이다.[此邑之俗, 除夕儺戲, 稱靑壇故云.]"라고 하였다. 이 시는 저자가 개령 현감으로 재직 중 지은 것이

니, 함경도 이외의 지역에서도 나례를 청단이라고 불렀던 듯하다.

윷놀이와 함께 윷점 치는 방법이 소개되어 있는데, 신후담의 「세시기」에도 윷놀이는 네 개의 윷을 사용하며 종이 위에 29개의 동그라미를 그린다고 하였다. 윷으로 1년 농사의 풍흉을 점친다는 내용도 보인다. 윷점 치는 방법은 『경도잡지』에 자세하다. 홍석모의 시에도 "세 괘로 한 해를 점치니 천금에 값하네[卜年三卦抵千金]"[10]라는 내용이 보인다.

除夕

朝官二品以上及侍從之臣, 詣闕舊歲問安, 士夫家謁廟, 年少者歷訪姻親長老, 曰拜舊歲. 自昏至夜, 街巷行燈, 相續不絶.

闕內自除夕前日, 發大砲, 號年終砲. 放火箭, 鳴鑼鼓, 卽大儺驅疫之遺制, 又倣除夕, 元朝爆竹驚鬼之制也. 按燕京俗, 年底喧闐, 至燈節【上元日】後方止, 曰年鑼鼓. 燕俗記都下之風, 而我國只於禁中行之.

自除夕前一二日, 弛牛禁, 諸法司藏牌, 至正朝而止, 爲都民歲肉一飽之意, 而或不行.

人家樓廳房廚, 皆張油燈, 白磁一盞, 紫絮爲心, 以至廐溷, 晃如白晝. 達夜不睡, 曰守歲, 卽守庚申之遺俗也. 按溫革碎瑣錄, 除夜神佛前及廳堂房溷, 皆明燈至曉, 主家室光明. 又按東京夢華錄, 都人至年夜竈裏點燈, 謂之照虛耗.

士庶之家, 圍爐團坐, 達朝不寐, 謂之守歲. 又按東坡記蜀俗云, 酒食相邀呼爲別歲, 除夜不眠爲守歲, 今俗昉於此.

諺傳除夜睡, 兩眉皆白, 小兒多見瞞不睡. 或有睡者, 他兒以粉抹其眉, 攪使對鏡以爲戲笑.

赤荊二條, 剖作四隻, 名曰柶. 長可三寸許, 或小如菽. 擲而賭之, 號爲柶戲. 四俯曰牟, 四仰曰流, 三俯一仰曰徒, 二俯二仰曰開, 一俯三仰曰杰. 局畫二十九圈, 二人對擲, 各用四馬, 徒行一圈, 開行二圈, 杰行三圈, 流行四圈, 牟行五圈. 圈有迂捷, 馬有疾徐, 以決輸贏, 歲時此戲最盛. 按柶, 說文云匕也, 特取四木之義, 謂之柶. 又按芝峯類說, 以爲儺戲卽樗蒲也, 柶戲者便是樗蒲之類也. 世俗除夜, 元朝, 以柶擲卦占新歲休咎. 占法配以六十四卦, 各有繇辭, 凡三擲, 如兒得乳, 鼠入倉之類則吉. 或云, 三擲內初擲觀舊歲, 至歲初上元, 連擲柶卦觀之.

閭巷婦女用白板, 橫置藁枕上, 對踏兩端, 相升降而跳數尺許, 以困頓爲樂, 謂之跳板戲, 至歲初如之. 按周煌琉球國記略, 其婦舞於板上, 曰板舞, 與此俗相類.

關北俗, 設氷燈, 如圍柱中安油炷, 以達夜鳴鉦鼓吹喇叭, 設儺戲, 號靑壇. 關西俗亦設氷燈, 諸道州邑, 皆以其俗行年終之戲.

義州俗, 閭里放紙砲, 效燕京之俗也.

12월 기타

초하루에 이조(吏曹)와 병조(兵曹)에서 조정 관원 중 파직되거나 삭직된 사람을 뽑아 아뢰는데, 세초(歲抄)라고 한다. 점을 찍어 내린 자는 서용하거나 감등한다. 6월 초하루에도 그렇게 하니, 도목정사(都目政事)가 6월과 12월에 있기 때문이다.[11] 경사로 인하여 사면할 경우 별세초(別歲抄)를 입계(入啓)하는데,[12] 죄를 용서하는 은전에서 나온 것이다.

평안도와 황해도의 절도사는 관례적으로 조정 관원 및 친지의 집에 세찬을 보낸다. 각 도의 감사, 병사, 수사, 수령도 세찬을 보내는 관례가 있다. 편지 봉투에 따로 작은 종이를 접어 넣는데, 토산물의 품종을 열거하여 기록한 것으로 총명지(聰明紙)라고 한다. 각 관사의 아전도 날꿩, 곶감 등의 물건을 친지 집에 보내며 문안한다.

주처(周處, 236~297)의 『풍토기(風土記)』를 보면 "촉 지방에는 연말에 서로 음식을 보내 문안하는 풍속이 있는데, 궤세(饋歲)라고 한다." 하였다. 또 소동파의 시를 보면 "쟁반을 놓으니 큰 잉어가 가로놓여 있고, 바구니를 여니 토끼 한 쌍이 누워 있다."[13] 하였으니, 이 풍속도 예로부터 그러한 것이다.

젊은 장정들은 축국(蹴鞠)을 하며 논다. 공은 큰 탄환만 한데, 위에 꿩 깃을 꽂는다. 두 사람이 마주 서서 다리 힘을 겨루는데, 계속 차서 떨어뜨리지 않으면 잘 차는 것이다. 유향(劉向, B.C.77~B.C.6)의 『별록(別錄)』을 보면 "한식날 답축(蹋蹴)[14]은 황제가 만든 것이다." 하였다. 어떤 이는 전국시대에 비롯된 군사 훈련이며 백타(白打)[15]라 부른다고 하였다. 지금 풍속은 여기서 비롯된 것이다. 겨울부터 시작하여 세시가 되면 더욱 성행한다.

강원도 고성 풍속에 따르면 매달 초하루와 보름이면 관청에서 고을 사당에 제사를 지내는데, 비단으로 신의 가면을 만들어 사당에 보관해 둔다. 12월 20일 이후 그 신이 고을에 내려온다고 하여 사람이 그 가면을 쓰고 춤추면서 관아와 마을을 돌아다니면 집집마다 맞이하여 즐긴다. 그러다가 1월 보름이 되기 전에 신이 사당으로 돌아가는데 연례행사이다. 역귀를 물리치는 신의 일종이다.

〈주첨기행락도(朱瞻基行樂圖)〉, 북경고궁박물원 소장.
명나라 선종(宣宗) 앞에서 내시들이 축국을 하는 모습이다.

　　세초는 풍속이라기보다는 정기적인 인사 행정이다. 매년 6월과 12월
에 인사를 담당하는 이조와 병조가 그간 처벌받은 관원의 명단을 작
성하여 국왕에게 보고한다. 이 문서를 세초 단자(歲抄單子)라고 한다.

국왕은 세초 단자를 살펴보고 참작의 여지가 있는 관원의 이름 옆에 점을 찍어 돌려준다. 이조와 병조는 이들을 대상으로 감등(減等), 탕척(蕩滌), 서용(敍用) 등의 조치를 취한다. 세초 결과는 도목정사라는 대규모 인사이동에 반영된다. 별세초는 6월과 12월의 정기 세초와 별도로 시행하는 비정기 세초이다.

지방관이 조정 관원 및 친지에게 세찬을 보내는 것 역시 관례이다. 『오주연문장전산고』에 "우리나라 풍속에 지방의 관찰사와 병사, 수령이 토산물을 조정 관원, 친척, 친구에게 보내는 것을 진봉(進封)이라 하며, 연말에 보내는 선물을 세의(歲儀)【속칭 세찬】라 한다."[16] 하였다. 정조는 세찬이 고례를 찾을 수 없는 풍속이지만 우리 풍속에서 중시하므로 따르지 않을 수 없다고 하였다.[17]

축국에 대한 내용은 거의 중국 문헌에서 인용한 것이다. 축국이 지금의 제기차기인지는 확실치 않다. 여러 문헌 기록으로 보건대, 공놀이에 가까운 듯하다. 『도애시집』 17책에 「축국」이 있다.

잘 차는 사람은 끝없이 계속하는데	善蹴連無數
번갈아 하니 더욱 복잡하구나	相交更覺繁
황제가 시작한 군사 훈련이요	兵機黃帝始
춘추시대의 전쟁 형세라네	戰勢春秋論
돌은 비처럼 숲길을 날고	石雨飛林徑
공은 별처럼 물가 마을에 떨어지네	毬星落水村
세시에 축국 놀이 구경하느라	歲時看踘戲

햇볕 쬐며 높은 집에서 내려다보네　　　　　炙背俯高軒

月內

朔日, 自選部抄啓朝官中罷削人, 名曰歲抄. 點下者敍用, 或減等. 六月朔亦然, 蓋因大政在於六臟故也. 因有慶赦別歲抄入啓, 蓋出疏蕩之典也.

關西、海西兩節度, 例送歲饌於朝紳曁親知家, 各道藩閫、守令, 亦歲饋之例. 書緘中另具小搯紙, 列錄土産諸種, 謂之聰明紙. 各司胥隷亦以生雉、乾柿等物, 饋問於所親家. 按周處風土記, 蜀俗晚歲相饋問, 謂之饋歲. 又按東坡詩, 寘盤巨鯉橫, 發籠雙兎臥, 此風自古而然矣.

丁壯年少者, 以蹴鞠爲戲. 鞠如大彈丸, 上揷雉羽. 兩人對立, 脚勢相交, 以連蹴不墜爲善技. 按劉向別錄, 寒食蹋蹴, 黃帝所造. 或云起於戰國之時, 乃兵勢也. 一曰白打, 今俗沿于此, 而自冬爲始, 至歲時尤盛.

高城俗, 郡祀堂每月朔望, 自官祭之, 以錦緞作神假面, 藏置堂中, 自臘月念後, 其神下降於邑, 人着其假面, 蹈舞出遊於衙內及邑村, 家家迎而樂之. 至正月望前, 神還于堂, 歲以爲常, 蓋儺神之類也.

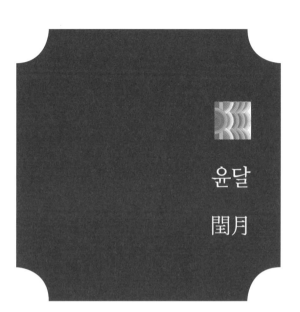

윤달

閏月

세속에서는 혼인에 적당하고 또 수의(壽衣)를 짓기에 적당하다고 여기며 모든 일을 꺼리지 않는다.

경기 광주의 봉은사(奉恩寺)에는 윤달이면 도성 여인들이 너도나도 와서 불공을 드리고 탑전에 돈을 놓는 일이 한 달 내내 끊이지 않는데, 이렇게 하면 극락세계로 간다고 한다. 사방의 노파들도 물밀듯이 다투어 모인다. 서울과 지방의 여러 사찰에는 이러한 풍속이 있는 곳이 많다.

수의 저고리. 국립민속박물관 소장.
윤달에 장수를 기원하며 짓는 옷이다.

1720년(숙종46) 숙종이 승하하자 인현왕후는 윤달에 숙종의 장수를 기원하며 지어놓은 의대(衣襨)가 있으니 염습에 사용할 의대를 따로 준비할 필요가 없다고 하였다.[1] 영조는 1720년 이후로 윤달을 맞이하면 인현왕후의 수의를 마련하여 만수무강을 기원하였다. 영조는 민간에도 이러한 풍습이 있는지 하문하였는데, 당시 승지였던 김문행(金文行)이 그렇다고 하였다.[2] 윤달에 수의를 짓는 풍속은 이 무렵 이미 널리 유행했던 듯하다. 지금도 중국 일부 지방에서는 윤달에 부모의 장수를 기원하며 새 신을 마련해주는 풍속이 있다. 이처럼 윤달에 특별한 의의를 부여하는 것은 음력을 사용하는 동아시아의 보편적 관념이다.

『동국세시기』에서는 윤달에는 혼인을 비롯하여 모든 일을 꺼리지 않는다고 하였으나, 윤달의 길흉에 대해서는 의견이 분분하다. 당나라 두우(杜佑)의 『통전(通典)』에 따르면 윤달은 남는 날이 모인 것이며 정식

달이 아니기 때문에 대소사를 치르기에 좋지 않다고 하였다. 이 때문에 상기(喪期)를 계산할 때도 윤달은 산입하지 않는 것이 일반적이었으며, 『주자가례』에서도 윤달은 상기에 산입하지 않는다고 하였다. 그러나 집안에 따라서는 산입하는 경우도 있었던 모양이다.[3]

특히 윤달이 결혼 등 길사(吉事)에 좋지 않다는 설은 비교적 오래된 듯하다. 1694년 인현왕후 복위 때 일관(日官)들이 책봉례 날짜를 윤달로 잡았으나, 길례(吉禮)는 윤달에 치르지 않는 것이 관례였다는 주장이 제기되어 결국 책봉례를 미루었다.[4] 이처럼 윤달에 대한 부정적인 인식도 있었으나 송시열은 윤달이라고 해서 대소사를 치르지 못할 이유는 없다고 하였다.[5]

지금도 윤달에 이장을 하면 탈이 없다는 속설 때문에 윤달만 되면 묘소가 북적인다. 반면 윤달에 결혼을 하면 좋지 않다는 속설도 있어 윤달이 끼면 결혼을 앞당기거나 늦추는 풍조가 있다. 윤달이 흉사에는 적합하나 길사에는 적합하지 않다는 속설은 지금까지 영향력을 발휘하고 있다.

閏月

俗宜嫁娶, 又宜裁壽衣, 百事不忌.

廣州奉恩寺, 每當閏月, 都下女人爭來供佛, 置錢榻前, 竟月絡繹, 謂如是則歸極樂世界. 四方婆媼, 奔波競集, 京外諸刹, 多有此風.

주석

원문에 인용된 주요 문헌

참고문헌

해제: '민족 고전'의 허상과 실상

1 조선광문회의 설립 경위와 활동 양상에 대해서는 오영섭, 「조선광문회 연구」, 『한국
사학사학보』 2집, 2000을 참조.

2 강박과 그의 족질 강필신이 남긴 일련의 세시기속시는 1733년 함께 지은 것으로
추정된다. 남재철, 「국포 강박의 시세계와 세시기속시」, 『한문학보』 13집, 우리한문
학회, 2005, 282면.

3 조성산, 「18세기 후반~19세기 전반 조선의 세시풍속서와 일상의 기술」, 『역사교육』
120집, 역사교육연구회, 2011, 198~199면. 세시기의 편찬이 양명학의 영향이라는
근거로 장지완의 「세시풍요서」를 제시하였으나 이 점은 동의하기 어렵다. 다만 그
밖에 세시기 창작의 배경으로 거론한 전통적인 화이관의 탈피, 정조의 치세에 대
한 회고 등은 주목할 만한 요소이다.

4 장주근, 『한국의 세시풍속』, 형설출판사, 1981, 45면.

5 장장식, 「동국세시기의 기술 태도와 특징」, 『한국의 민속과 문화』 2집, 경희대학교

민속학연구소, 1999, 214면.

6 진경환, 「세시기 서술의 방식과 의미―『동국세시기』의 '중국 근거 찾기'를 중심으로」,
『어문논집』 53집, 민족어문학회, 2006, 72면.

7 위와 같음.

8 조성산, 「18세기 후반~19세기 중반 조선 세시풍속서 서술의 특징과 의의」, 『조선
시대사학보』 60집, 조선시대사학회, 2012, 210~213면.

9 명·청의 총서 및 유서에 실려 있는 세시풍속 관련 저술의 성격에 대해서는 장유승,
「『潞亭稿』를 통해 본 歲時風俗詩와 海東樂府詩의 창작 배경」, 『韓國漢詩研究』 제18집,
韓國漢詩學會, 2010 참조.

10 조성산, 「18세기 후반~19세기 중반 조선 세시풍속서 서술의 특징과 의의」, 『조선
시대사학보』 60집, 조선시대사학회, 2012, 188면.

11 이철희, 「18세기 한중 문학 교류와 이십일도회고시」, 『동방한문학』 38집, 동방한
문학회, 2009, 329~330면.

12 안대회, 「城市全圖詩와 18세기 서울의 풍경」, 『고전문학연구』 35집, 한국고전문학
회, 2009.

13 김월덕, 「세시기를 통해서 본 세시풍속의 재구성과 재탄생」, 『민속학연구』 24호,
2009, 161면.

서문

1 윤음(綸音)은 본디 제왕의 발언을 의미하는 말인데, 대개 제왕의 명령을 문서화한
글을 가리킨다. 윤음의 제작은 글재주가 뛰어난 신료가 담당하는 것이 일반적이다.
2 사(辭)와 부(賦)는 모두 한문으로 짓는 운문의 양식이다.

1월

1 초주는 산초 열매를 담가 빚은 술이고, 백주는 잣나무 잎을 담가 빚은 술이다.

2 도소주는 설날 마시는 술 이름이다. 백출(白朮), 대황(大黃), 길경(桔梗), 천초(川椒), 계심(桂心), 호장근(虎杖根), 천오(川烏) 등의 약재를 주머니에 넣고 우물에 담갔다 가 청주를 넣고 증류한다. '도소'의 의미에 대해서는 여러 가지 설이 있는데, 정동 유의 『주영편』에서는 술 담는 그릇에서 유래한 것으로 추정하였다.

3 정공은 봉호(封號)이다. 당나라 명재상으로 태종(太宗)을 보좌하여 이른바 '정관 (貞觀 : 태종의 연호)의 치세(治世)'를 이루었다.

4 정사(政事)는 관원의 임명, 출척에 관한 사무, 일종의 인사행정이다.

5 「문예속」에 따르면, 정월 1일은 닭의 날, 2일은 개의 날, 3일은 양의 날, 4일은 돼 지의 날, 5일은 소의 날, 6일은 말의 날, 7일은 사람의 날이다.

6 인월은 1월을 말한다. 인(寅)은 범을 의미한다.

7 『천금방』에 따르면 정월 1일에는 백발을 태우면 길하고 모든 인일에는 손톱을 자 르고 오일(午日)에는 발톱을 자르고 또 백발을 태우면 길하다고 하였다.

8 약왕은 신농(神農), 편작(扁鵲) 등 의술에 관련된 전설상의 인물들을 가리키기도 하고, 불교의 약왕보살을 가리키기도 한다.

9 오부는 한성부(漢城府)의 행정 구역인 동부(東部), 서부(西部), 남부(南部), 북부(北部), 중부(中部)이다.

10 『史記』 卷99, 「叔孫通列傳」.

11 『三國史記』 卷5 「新羅本紀」.

12 『承政院日記』 英祖 49年 12月 12日.

13 『成宗實錄』 22年 12月 23日.

14 李穡, 「歲畫十長生」, 『牧隱藁』 卷12.

15 成俔, 「受賜歲畫所畫秋鷹搏兔」, 『虛白堂補集』 卷4 ; 「題麗人圖後」, 『虛白堂文集』 卷9.

16 『中宗實錄』 5年 9月 29日.

17 대내는 왕과 왕비가 거처하는 편전(便殿)이나 침전(寢殿) 일대를 가리키는 말 이다.

18 관상감은 조선시대에 천문, 지리, 역수, 기후 관측 등을 담당한 관서이다.

19 갑작, 필위, 웅백, 등간, 남저, 백기, 강량, 조명, 위수, 착단, 궁기, 등근은 귀신을 잡아먹는 12신수(神獸)의 이름이다. 흉, 호, 매, 불상, 구, 몽, 책사와 기생, 관, 거, 충은 역귀의 이름이다.

20 『후한서』「예의지」에 따르면 당시 대궐에서는 납일 하루 전, 역귀를 쫓는 대나 의식을 거행하였다. 열 살에서 열두 살 사이의 아이 120명을 초라니로 삼고, 붉은 두건에 검은 옷을 입히고 북을 들게 한다. 의식이 시작되어 환관이 이 가사를 선창하면 초라니들이 화답한다.

21 신도와 울루는 악귀를 다스리는 신의 이름이다. 황제(黃帝) 때의 형제라는 설도 있고 한 사람이라는 설도 있다. 『형초세시기』에 따르면 설날에 두 신의 그림을 문에 붙인다고 하였다.

22 황제는 중국 신화에 등장하는 제왕으로, 중국 문명의 시조로 추앙받는다.

23 건양이 고종의 연호에서 비롯되었다는 설도 있으나 이는 명백한 오류이다.

24 이백(李白)의 「의춘원에서 황제를 모시다가 명령을 받고서 대궐 못의 버들빛은 파랗게 되고 꾀꼬리 노랫소리는 간드러진다는 시를 읊다[侍從宜春苑奉詔賦龍池柳色初青聽新鶯百囀歌]」에 나오는 구절이다.

25 이백의 「아미산월가, 중경으로 들어가는 촉 지방의 승려 안을 전송하다[峨眉山月歌送蜀僧晏入中京]」에 나오는 구절이다.

26 경기 산간의 여섯 고을은 포천(抱川), 연천(漣川), 적성(積城), 양근(楊根), 삭령(朔寧), 마전(麻田)을 가리킨다.

27 두보의 「입춘(立春)」에 나오는 구절이다.

28 소식의 「범덕유를 전송하며[送范德孺]」에 나오는 구절이다.

29 『承政院日記』正祖 20年 4月 26日.

30 趙克善, 「三官記」, 『冶谷集』卷7.

31 李學逵, 「春耕祭」, 「東事日知」, 『洛下生集』20冊.

32 祖 : 저본에는 '粗'로 되어 있으나 『열양세시기』에 근거하여 수정하였다.

33 磔 : 저본에는 '桀'로 되어 있으나 『열양세시기』에 근거하여 수정하였다.

34 茶 : 저본에는 '茶'로 되어 있으나 『형초세시기』에 근거하여 수정하였다.

35 규장각의 제학(提學), 직제학(直提學), 직각(直閣), 대교(待敎), 검교(檢校) 등을 말한다.

36 아침, 저녁으로 30일간 식당에 계속 나와야 응시할 수 있다는 뜻이다.

37 『成宗實錄』16年 12月 13日.

38 柳得恭, 「亥子囊詞」, 『泠齋集』卷4.

39 朴準源, 「子亥囊銘」, 『錦石集』卷8.

40 成海應, 〈頒囊〉, 「蘭室譚叢」, 『研經齋全集』外集 卷56.

41 둑기는 군대의 대장을 상징하는 깃발을 말한다.

42 나후직성은 인간의 운명을 주관하는 아홉 개의 별인 구요(九曜)의 하나이다. 구요는 일요(日曜), 월요(月曜), 화요(火曜), 수요(水曜), 목요(木曜), 금요(金曜), 토요(土曜), 나후(羅睺), 계도(計都)이다. 남자는 19세부터, 여자는 15세부터 9년 간격으로 해당한다.

43 사일은 입춘과 입추 이후의 다섯 번째 무일(戊日)이다. 입춘 이후를 춘사일(春社日), 입추 이후를 추사일(秋社日)이라 한다.

44 『시경』「패풍」 중 「곡풍(谷風)」의 "내가 맛난 음식을 저장하였으니 겨울을 나기 위해서이다.[我有旨蓄, 亦以御冬]"를 인용한 것이다.

45 육유의 「설날의 일을 쓰다[歲首書事]」에 나오는 구절이다.

46 '개 보름 쇠듯 한다'는 속담을 인용한 것이다.

47 여기서 삼문은 숭례문(崇禮門, 남대문), 돈의문(敦義門, 서대문) 및 그 중간의 소의문(昭義門, 서소문)을 말한다.

48 비파정은 조선시대 낙선방(樂善坊) 묵사동(墨寺洞)에 있던 정자로, 현재 동국대학교 경내이다.

49 설하희는 당나라 중종(中宗)이 청명절에 대궐에서 벌인 줄다리기로, 발하희(拔河戲)라고도 한다.

50 洪錫謨, 「上元藥飯」, 「都下歲時記俗詩」, 『陶厓詩集』20冊.

51 丁若鏞, 「奉公」, 『牧民心書』卷3.

52 『承政院日記』英祖 5年 閏7月 21日 ; 李學逵, 「上元藥飯」, 「東事日知」, 『洛下生集』20冊.

53 李安訥, 「上元」, 『東岳集』續集.

54　邶 : 저본에는 '衛'로 되어 있으나 『시경』에 근거하여 바로잡았다.

55　賣 : 저본에는 '買'로 되어 있으나 『검남시고(劍南詩稿)』에 근거하여 바로잡았다.

56　睟 : 저본에는 '晬'로 되어 있으나 일반적인 용례에 근거하여 바로잡았다.

57　털날은 1월 1일부터 12일까지의 날들 가운데 일진(日辰)이 털 있는 짐승에 속하
　　는 쥐[子], 소[丑], 호랑이[寅], 토끼[卯], 말[午], 양[未], 원숭이[申], 닭[酉], 개[戌],
　　돼지[亥]에 해당하는 날이다.

58　식당 도기는 유생들이 식당에 서명하는 일종의 출석부이다.

2월

1　正祖, 「日得錄」, 『弘齋全書』 卷177.

2　『承政院日記』 英祖 51年 2月 22日.

3　李仁行, 「西遷錄」, 『新野集』 卷12.

3월

1　洪錫謨, 「三日偶題」, 『陶厓詩集』 1冊 ; 「花餻」, 『陶厓詩集』 18冊.

2　李圭景, 「山廚滋味辨證說」, 『五洲衍文長箋散稿』.

3　李夏坤, 「沈牛潭在鎭川縣南十餘里……亦客中勝事也」, 『頭陀草』 冊1.

4　李植, 「答倭人問目」, 『澤堂集』 別集 卷1.

5　삼해주는 정월 상해일(上亥日), 중해일(中亥日), 그리고 하해일(下亥日)의 3해일에
　　단계적으로 빚어 익힌 술 이름이다.

6　옥해주는 중국 수나라 양제(煬帝)가 만들었다는 술이다.

7　난정수계가 조선 후기 문화에 미친 영향에 대해서는 박철상, 「王羲之 蘭亭修禊의
　　수용 양상과 詩社에 끼친 영향」, 『한문학보』 26집, 2012.

8　李圭景, 「紫姑禊辨證說」, 『五洲衍文長箋散稿』.

4월

1 치미는 꿩의 꽁지깃을 모아 묶어서 깃대 따위의 끝에 꽂는 장식. 장목이라고도 한다.

2 이 내용은 소식의 저술에 보이지 않는데, 어디서 인용한 것인지 알 수 없다.

3 李圭景, 「燈夕燃燈辨證說」, 『五洲衍文長箋散稿』.

4 李圭景, 「燈夕燃燈辨證說」, 『五洲衍文長箋散稿』.

5 李珥, 「節序策」, 『栗谷全書』 拾遺 卷5.

6 高尙顔, 「遺訓」, 『泰村集』 卷3.

7 許筠, 「屠門大嚼」, 『惺所覆瓿稿』 卷26.

8 李瀷, 「棗糕」, 『星湖僿說』 卷4.

9 許楚姬, 「染指鳳仙花歌」, 『蘭雪軒詩集』.

5월

1 제호탕은 오매(烏梅), 백단향(白檀香) 등에 꿀을 넣고 달인 음료를 말한다.

2 옥추단은 자금단(紫金丹)이라는 약재에 웅황(雄黃)과 주사(朱砂)를 더하여 만든 환약을 말한다.

3 장명루와 속명루는 '목숨을 늘리는 실'이라는 뜻이며, 벽병증은 병화(兵禍)를 물리치는 실이라는 뜻이다.

4 왜장은 남산 북쪽의 평지로, 지금의 예장동이다.

5 『世宗實錄』 8年 4月 28日.

6 李圭景, 「東國扇制辨證說」, 『五洲衍文長箋散稿』.

7 元天錫, 「端午偶吟」, 『耘谷行錄』 卷5.

8 『太宗實錄』 11年 5月 6日.

9 『承政院日記』 仁祖 7年 5月 4日.

10 李裕元, 「每端午油扇懸玉樞恩賜今年在鄕廬祇受」, 『嘉梧藁略』 冊5.

11 許穆, 「烏金簪」, 「陟州記事」, 『記言』 卷37 ; 蔡濟恭, 「烏金簪歌」, 『樊巖集』 卷7.

12 洪敬謨, 「鶴城志」, 『冠巖全書』冊24.

13 戒 : 저본에는 戎으로 되어 있으나 일반적인 용례에 따라 수정하였다.

14 李荇, 「喜雨」, 『容齋集』卷5.

15 高尙顏, 「效嚬雜記」, 『泰村集』卷4.

16 李緈, 「五月四日吟」, 『陶菴集』卷2 ; 申光洙, 「寧陵忌辰感吟」, 『石北集』卷5.

6월

1 본디 3월의 첫 번째 사일(巳日)에 물가에서 액운이 없어지기를 빌며 술을 마시던
  행사이다.

2 분단은 찹쌀로 빚어 기름에 튀긴 떡이며, 각서는 댓잎이나 갈대잎으로 싸서 쪄 먹
  는 떡이다.

3 고는 줄풀의 열매인 고미(苽米)를 말하는 듯하다.

4 육유의 「인곡(鄰曲)」에 나오는 구절이다.

5 李穡, 「流頭日三詠」, 『牧隱藁』卷18.

6 徐居正, 「流頭日」, 『四佳集』卷29.

7 申欽, 「流頭日題」, 『象村稿』卷10.

8 宋時烈, 「答洪聖休」, 『宋子大全』卷114.

9 "古者重此節, 爲之宴樂, 我國則無之."(李植, 〈答倭人問目〉, 『澤堂集』別集 卷1)

10 "我東則勿論上巳與伏臘, 本無會飮之風"(金柱臣, 「散言」, 『壽谷集』卷11)

11 칠패는 동대문에서 종암동 사이에 있었던 시장을 말하는 듯하다.

12 중국 후한 때 사람 유송(劉松)이 원소(袁紹)의 자제들과 함께 하북(河北) 땅에서
   더위를 잊기 위해 밤낮으로 잔치를 벌여 술을 마신 일을 말한다.

13 李浚慶, 「錄遺許太史朝鮮風俗」, 『東皐遺稿』卷5.

14 李睟光, 「制度」, 『芝峯類說』卷3.

7월

1 이안눌의 시 「7월 15일 밤에 앉아 달을 마주하다[七月十五日夜坐對月]」에 나오는 구절이다. 이 시의 주석에 "나라 풍속에 중원을 망혼일이라 하며, 민간의 백성은 이날 달밤에 채소와 과일, 술과 밥을 준비하여 자기 어버이의 혼을 부른다." 하였다.

2 李圭景, 「百種辨證說」, 『五洲衍文長箋散稿』.

3 閔昱, 「丙辰以後日記」, 『石溪集』卷3.

4 宋徵殷, 「家祭儀式」, 『約軒集』卷10.

5 任天常, 「御策蔭官應製」, 『窮悟集』卷6.

8월

1 李瀷, 「嶺南俗」, 『星湖僿說』卷3.

2 李瀷, 「俗節」, 『星湖僿說』卷10 ; 李瀷, 「答安百順」, 『星湖全集』卷24.

3 安鼎福, 「答安正進問目」, 『順菴集』卷7.

4 丁若鏞, 〈秋夕〉, 「餛飩錄」, 『與猶堂全書』補遺.

5 丁若鏞, 「喪儀節要」卷2, 『與猶堂全書』.

6 李海朝, 「賦六十韻記島中山川風俗」, 『鳴巖集』卷3.

7 任天常, 「百種日得喜雨蘇枯逢拈種韻」, 『窮悟集』卷3.

8 李瀷, 「靑蒿松膏」, 『星湖僿說』卷6.

9 李圭景, 「行廚飮膳辨證說」, 『五洲衍文長箋散稿』.

10 李植, 「祭饌」, 『澤堂集』別集 卷16.

11 李瀷, 「糗餌粉餈」, 『星湖僿說』卷4.

9월

1 청풍계는 김상용(金尙容, 1561~1637)의 별장 일대를 가리킨다.
2 후조당은 권람(權擥, 1416~1465)의 집이다.
3 李圭景,「山廚滋味辨證說」,『五洲衍文長箋散稿』.
4 李德懋,「觀讀日記」,『靑莊館全書』卷6.
5 李萬敷,「喪祭雜錄」,『息山集』卷15.
6 李宗城,「家範」,『梧川集』卷15.

10월

1 '귀신이 흠향하고 음병을 보낸다'는 것은 귀신이 받아 먹고 사람을 돕는 귀신 군사
   를 보낸다는 뜻이다.
2 당나라 장작(張鷟)의『조야첨재(朝野僉載)』에 따르면, 후사지는 농병을 먹을 때마
   다 파를 줄이고 고기를 더 넣게[縮葱加肉] 하였으므로 축총시랑(縮葱侍郞)이라 불
   렸다고 한다.
3 회남왕의 본명은 유안(劉安, B.C.179~B.C.122)이며, 그가 두부를 처음 만들었다
   는 말은『본초강목』등에 보인다.
4 육유의「인곡(鄰曲)」에 보인다.
5 洪錫謨,「牛酪」,『陶厓詩集』19冊.
6 박광성,「孫乭項에 對하여」,『畿甸文化硏究』9집, 1978.
7 金錫冑,「江都設墩處所別單」,『息庵遺稿』卷17.
8 李建昌,「孫石墳」,『明美堂集』卷4.
9 正祖,「群書標記」,『弘齋全書』卷182.
10 洪錫謨,「正月初九夜與諸友會話設煨爐得聯句」,『陶厓詩集』3冊.
11 洪萬選,「魚肉」,『山林經濟』卷2.
12 洪錫謨,〈乾飣聯句老石共賦〉,『陶厓詩集』冊18.

11월

1 동문지보는 국왕이 하사하는 서적에 찍는 도장이다.
2 진(晉)나라 부자 석숭이 순식간에 팥죽을 끓여 손님을 대접한 고사를 인용한 것이다.
3 李穡, 「豆粥」, 『牧隱藁』卷20.
4 『英祖實錄』46年 10月 8日.
5 金安老, 「洪君子美爲致日曆曁魚尾煎藥走簡謝之」, 『希樂堂稿』卷3.
6 성주는 신라 때 제주의 군주에게 내린 칭호이다. 조선 초기까지 사용하다가 1404년 (태종4) 혁파하였다. 『고려사』에 따르면 성주가 종종 국왕에게 조회하고 공물을 바친 일이 있었는데, 이때 과거를 시행한 것으로 보인다.
7 소식의 저작으로 알려진 『구지필기(仇池筆記)』에서 인용한 것으로 보인다.
8 『世宗實錄』2年 11月 22日.
9 李肯翊, 「科擧」, 『燃藜室記述』別集 卷9.
10 『世宗實錄』「地理誌」黃海道 延安都護府.
11 洪良浩, 「合湖龍耕記」, 『耳溪集』卷14.
12 李圭景, 「語氷辨證說」, 『五洲衍文長箋散稿』.
13 洪敬謨, 「擬招」, 『冠巖全書』1冊.
14 李圭景, 「山廚滋味辨證說」, 『五洲衍文長箋散稿』.
15 骨 : 저본에는 '滑'로 되어 있으나 일반적인 용례에 근거하여 수정하였다.
16 骨 : 저본에는 '滑'로 되어 있으나 일반적인 용례에 근거하여 수정하였다.

12월

1 훈련도감, 금위영, 어영청, 수어청 등 각 군영을 말한다.
2 서울 각 군영에 소속된 포수이다.
3 李睟光, 「節序」, 『芝峯類說』卷1.

4 전문은 다음과 같다.

납일에 산 짐승 잡는 것은 오래된 풍속　　　　　　臘日捕生傳習俗

아이들은 그물 펴고 숲속을 돌아다니네　　　　　　兒童張網遶林行

한가로이 보노라니 나도 모르게 기심이 동하니　　閑看不覺機心動

만약 거문고 연주하면 살기가 풍기리라　　　　　　若復彈琴定殺聲

5 『承政院日記』正祖 13年 8月 4日.

6 우금은 소 잡는 행위를 금지하는 것이다.

7 成海應,〈大內火戱〉,「蘭室譚叢」,『硏經齋全集』外集 卷56.

8 洪錫謨,「和成太常聖養除夕韻」,『陶厓詩集』.

9 洪錫謨,「除夕用寬字韻」,『陶厓詩集』9冊.

10 洪錫謨,「擲柶」,『陶厓詩集』17.

11 도목정사는 관원의 고과를 평가하여 시행하는 대규모 인사 발령이다. 매년 6월
과 12월에 시행한다.

12 별세초는 재직하다가 처벌받은 전직 관원의 명단이다. 입계는 국왕에게 구두 또
는 문서로 보고하는 행위를 말한다.

13 소식의「궤세(饋歲)」에 나오는 구절이다.

14 발을 사용하는 공놀이로 축국(蹴鞠)이라고도 한다.

15 중국 18반(般) 무예의 하나로 맨손으로 싸우는 것이다. 당나라 때부터 한식의 놀
이로 유행하였다.

16 李圭景,「人事進封辨證說」,『五洲衍文長箋散稿』.

17 正祖,「訓語」,「日得錄」18,『弘齋全書』卷178.

윤달

1 『肅宗實錄』46年 6月 8日.

2 『承政院日記』英祖 30年 1月 30日.

3 南夢賚,「與金博士別紙」,『伊溪集』卷3.

4 『承政院日記』肅宗 20年 閏5月 2日.

5 宋時烈,「答崔有華」,『宋子大全』卷118.

문헌명	지은이	편찬 시대	설명
계암만필 (戒菴漫筆)	이후(李詡, 1505~1593)	중국 명(明)	명나라의 정치와 제도, 인물 일화를 서술한 책.
고금예술도 (古今藝術圖)	양광(楊廣, 569~618)	중국 수(隋)	수 양제(隋煬帝)가 소장한 서화(書畵)에 대한 저술로 추정. 현재는 일실되었다. 본문의 내용은 『사문유취(事文類聚)』에서 재인용한 것이다.
농정전서 (農政全書)	서광계(徐光啓, 1562~1633)	중국 명(明)	당대의 농업 정책과 기술을 집대성한 책. 농본(農本), 전제(田制), 농사(農事), 수리(水利) 등 12항목으로 구성되어 있다.
대대례기 (大戴禮記)	대덕(戴德)	기원전 1세기 중국 한(漢)	진시황의 분서갱유로 흩어진 예서(禮書)의 편린을 수집하여 엮은 책.
동경몽화록 (東京夢華錄)	맹원로(孟元老)	1147년 중국 송(宋)	북송의 수도 개봉(開封)의 풍속을 서술한 책.
동경잡기 (東京雜記)	성원묵(成原默, 1785~1865)	1845년 조선 헌종11	경주(慶州)의 역사와 풍속을 서술한 책. 작자 미상의 『동경지(東京誌)』를 증보한 것이다.
동국여지승람 (東國輿地勝覽)	노사신(盧思慎, 1427~1498) 외	1481년 조선 성종 12	조선 팔도의 지리, 명승, 풍속을 종합한 책. 본문에서 인용한 것은 1530년 증보 간행한 『신증동국여지승람』으로 추정된다.
문예속(問禮俗)	동훈(董勛)	3세기(?) 중국 진(晉)	예법과 풍속에 관한 문답을 기록한 글로 추정. 「답문예속설(答問禮俗說)」이라고도 한다. 현재는 일실되었다. 본문의 내용은 『사문유취』에서 재인용한 것이다.
별록(別錄)	유향(劉向, 기원전 77?~ 기원전 6)	중국 한(漢)	한 성제(漢成帝) 때 황명으로 궁중 소장 도서를 정리하여 만든 목록. 현재는 일실되었다. 본문의 내용은 『사문유취』에서 재인용한 것이다.

문헌명	지은이	편찬 시대	설명
병이한담 (餠餌閒談)	사유신(謝維新)	1257년 중국 송(宋)	떡과 과자에 관한 고사를 엮은 글. 『고금합벽사류비요(古今合璧事類備要)』에 실려 있다.
본초강목 (本草綱目)	이시진(李時珍, 1518~1593)	1578년 중국 명(明)	각종 약재의 특성과 효능을 정리한 의학서적.
북경세화기 (北京歲華記)	육계굉(陸啓浤)	1644년 중국 명(明)	명나라 수도 북경의 세시풍속을 서술한 책. 한동안 실전되었다가 최근 발견되었다. 본문의 내용은 『일하구문고(日下舊聞考)』에서 재인용한 것이다.
사물기원 (事物記原)	고승(高承)	11세기 중국 송(宋)	사물의 유래를 고증한 책. 1,700여 종의 사물을 55부(部)로 분류하였다.
서도잡기 (西都雜記)	위술(韋述, ?~757)	중국 당(唐)	장안(長安)과 낙양(洛陽)의 일화를 엮은 양경신기(兩京新記)를 말하는 듯하다. 현재는 일실되었다. 본문의 내용은 『사문유취』에서 재인용한 것이다.
서경잡기 (西京雜記)	유흠(劉歆, B.C.50?~23)	중국 한(漢)	한나라 수도 장안의 역사와 일화를 서술한 잡록.
설문해자 (說文解字)	허신(許愼, 58?~147?)	121년 중국 후한(後漢)	한자 1만여 자를 540개의 부수로 분류한 자서(字書).
세시잡기 (歲時雜記)	여희철(呂希哲, 1036~1114)	중국 송(宋)	송나라의 세시풍속을 서술한 책. 현재는 일부만 전한다. 본문의 내용은 『사문유취』에서 재인용한 것이다.
쇄쇄록(碎瑣錄)	온혁(溫革, 1006~1076)	중국 송(宋)	곡식, 화초, 음식 등 다양한 내용을 담은 잡록. 현재는 일실되었다. 본문의 내용은 『경도잡지』에서 재인용한 것이다.
연북잡지 (燕北雜志)	무규(武珪)	중국 송(宋)	저자가 10년간 거란에 체류한 경험을 바탕으로 그곳의 풍속과 제도를 서술한 책. 현재는 일실되었다. 본문의 내용은 『일하구문고』에서 재인용한 것이다.
예원자황 (藝苑雌黃)	엄유익(嚴有翼)	12세기 중국 송(宋)	경전과 역사서 등의 오류를 고증한 잡록. 본문의 내용은 『사문유취』에서 재인용한 것이다.

문헌명	지은이	편찬 시대	설명
오지(隩志)	장원(張遠)	17세기(?) 중국 청(淸)	북경의 고적과 풍속을 서술한 책. 현재는 일실되었다. 본문의 내용은 『일하구문고』에서 재인용한 것이다.
온공일록 (溫公日錄)	사마광(司馬光, 1019~1086)	중국 송(宋)	야사로 추정되나 현재는 일실되었다. 본문의 내용은 『사문유취』에서 재인용한 것이다.
옹락영이록 (雍洛靈異錄)	증여(曾忬)	중국 송(宋)	당(唐)·송(宋) 각 지방의 풍속을 서술한 잡록. 현재는 일실되었다. 본문의 내용은 『사문유취』에서 재인용한 것이다.
완서잡기 (宛署雜記)	심방(沈榜, 1540~1597)	1593년 중국 명(明)	저자가 순천부(順天府) 완평현(宛平縣)의 수령으로 부임하여 당대의 역사, 지리, 풍속을 서술한 책. 본문의 내용은 『일하구문고』에서 재인용한 것이다.
우포잡기 (寓圃雜記)	왕기(王錡, 1432~1499)	중국 명(明)	명나라 홍무(洪武, 1368~1398), 정통(正統, 1436~1449) 연간 조정과 재야의 일화를 서술한 책.
월령(月令)	최식(崔寔, 103?~170?)	중국 후한(後漢)	농가에서 한 해 동안 수행하는 농업 활동 및 풍속을 서술한 책. 『사민월령(四民月令)』이라고도 한다.
유구국기략 (琉球國記略)	주황(周煌, 1714~1785)	1757년 중국 청(淸)	1756년 저자가 유구(지금의 오키나와)에 사신으로 다녀온 경험을 바탕으로 편찬한 유구의 풍속지.
제경경물략 (帝京景物略)	우혁정(于奕正)	1635년 중국 명(明)	북경의 고적과 풍속을 서술한 책. 본문의 내용은 『일하구문고』에서 재인용한 것이다.
종과소(種果疏)	유종본(俞宗本)	14세기 중국 명(明)	유정목(俞貞木)의 『종수서(種樹書)』를 말하는 듯하다. 과실수의 재배방법을 서술한 책이다.
지봉유설 (芝峯類說)	이수광(李睟光, 1563~1628)	1614년 조선 광해군6	천문, 지리, 경전, 역사, 풍속 및 각종 문물제도를 서술한 백과사전. 3400여 항목으로 구성되어 있다.

문헌명	지은이	편찬 시대	설명
천금방(千金方)	손사막(孫思邈, 582~682)	652년 중국 당(唐)	각종 병증의 진단 및 치료 방법을 서술한 의학백과전서. 『비급천금요방(備急千金要方)』이라고도 한다.
천보유사 (天寶遺事)	왕인유(王仁裕, 880~956)	중국 오대(五代) 후한(後漢)	당나라 개원(開元, 713~741), 천보(天寶, 742~756) 연간의 일화를 수집한 책. 『개원천보유사(開元天寶遺事)』라고도 한다.
척언(摭言)	왕정보(王定保, 870~940)	중국 오대(五代) 후한(後漢)	당나라 인물들의 일화를 서술한 책. 『당척언(唐摭言)』이라고도 한다. 본문의 내용은 『사문유취』에서 재인용한 것이다.
척유(摭遺)	유부(劉斧)	11세기 중국 송(宋)	송나라의 기이한 일화를 서술한 『청쇄척유(靑鎖摭遺)』를 말하는 듯하다. 현재는 일실되었다. 본문의 내용은 『사문유취』에서 재인용한 것이다.
춘명퇴조록 (春明退朝錄)	송민구(宋敏求, 1019~1079)	중국 송(宋)	당·송의 역사와 제도, 민간 풍속을 서술한 책.
포박자(抱朴子)	갈홍(葛洪, 284~364)	중국 진(晉)	신선, 부적, 단약 등에 대해 서술한 도가 서적. 내편과 외편으로 구성되어 있다.
풍속통(風俗通)	응소(應劭, 153?~196)	중국 후한(後漢)	역대의 제도와 풍속을 서술한 책. 현재는 일부만 전한다. 본문의 내용은 『사문유취』에서 재인용한 것이다.
풍토기(風土記)	주처(周處, 236~297)	중국 진(晉)	진나라 각 지방의 민간 풍속을 기록한 책. 『설부(說郛)』에 일부만 전한다.
해록쇄사 (海錄碎事)	섭정규(葉廷珪)	12세기 중국 송(宋)	역대의 전고, 풍속, 제도 등을 종합한 유서(類書).
형초세시기 (荊楚歲時記)	종름(宗懍, 502~565)	중국 남조(南朝) 양(梁)	중국 형초(荊楚) 지방의 세시풍속을 서술한 책.
화력신재 (花曆新栽)	진호(陳淏, 1612~?)	중국 청(淸)	화초를 심고 가꾸는 방법을 월별로 서술한 글. 저자가 편찬한 원예서 『화경(花鏡)』에 실려 있다.

| 참고문헌 |

논문

김월덕, 「세시기를 통해서 본 세시풍속의 재구논문성과 재탄생」, 『민속학연구』 24호,
2009.

남재철, 「국포 강박의 시세계와 세시기속시」, 『한문학보』 13집, 우리한문학회, 2005.

박광성, 「孫宅翊에 對하여」, 『畿甸文化硏究』 9집, 1978.

박철상, 「王羲之 蘭亭修禊의 수용 양상과 詩社에 끼친 영향」, 『한문학보』 26집, 2012.

안대회, 「城市全圖詩와 18세기 서울의 풍경」, 『고전문학연구』 35집, 한국고전문학회,
2009.

오영섭, 「조선광문회 연구」, 『한국사학사학보』 2집, 2000.

이철희, 「18세기 한중 문학 교류와 이십일도회고시」, 『동방한문학』 38집, 동방한문학회,
2009.

장장식, 「동국세시기의 기술 태도와 특징」, 『한국의 민속과 문화』 2집, 경희대학교 민
속학연구소, 1999.

조성산, 「18세기 후반~19세기 전반 조선의 세시풍속서와 일상의 기술」, 『역사교육』
   120집, 역사교육연구회, 2011.

_____, 「18세기 후반~19세기 중반 조선 세시풍속서 서술의 특징과 의의」, 『조선시대
   사학보』 60집, 조선시대사학회, 2012.

진경환, 「세시기 서술의 방식과 의미–『동국세시기』의 '중국 근거 찾기'를 중심으로」,
   『어문논집』 53집, 민족어문학회, 2006.

저서 및 역서

국립민속박물관, 『조선시대세시기』 I, 국립민속박물관, 2003.

_____, 『조선시대세시기』 II, 국립민속박물관, 2003.

_____, 『조선시대세시기』 III, 국립민속박물관, 2007.

이석호 역, 『조선세시기』, 동문선, 1991.

장주근, 『한국의 세시풍속』, 형설출판사, 1981.

정승모 역, 『동국세시기』, 풀빛, 2009.

최남선 편, 『동국세시기』, 조선광문회, 1911.

원전자료

高尙顔, 『泰村集』

金富軾, 『三國史記』

金錫胄, 『息庵遺稿』

金 堉, 『松都誌』

南夢賚, 『伊溪集』

閔 昱, 『石溪集』

朴準源, 『錦石集』

徐居正,『四佳集』

徐榮輔 外,『萬機要覽』

徐有榘,『林園經濟志』

成　俔,『慵齋叢話』

宋時烈,『宋子大全』

宋徵殷,『約軒集』

申光洙,『石北集』

申叔舟 外,『國朝五禮儀』

愼後聃,『河濱雜著』

申　欽,『象村集』

魚叔權,『故事撮要』

元天錫,『耘谷行錄』

柳得恭,『泠齋集』

儀軌廳,『宗廟儀軌』

李建昌,『明美堂集』

李圭景,『五洲衍文長箋散稿』

李肯翊,『燃藜室記述』

李德懋,『青莊館全書』

李萬敷,『息山集』

李　穡,『牧隱藁』

李睟光,『芝峯類說』

李時弼,『謏聞事說』

李　植,『澤堂集』

李安訥,『東岳集』

李裕元,『嘉梧藁略』

李　珥,『栗谷全書』

李　瀷,『星湖僿說』

李仁行,『新野集』

李　緯,『陶菴集』

李齊賢,『益齋亂藁』

李宗城,『梧川集』

李浚慶,『東皐遺稿』

李學逵,『洛下生集』

李海朝,『鳴巖集』

李　荇,『容齋集』

一　然,『三國遺事』

任天常,『窮悟集』

張　維,『谿谷集』

鄭東愈,『晝永編』

丁若鏞,『與猶堂全書』

鄭麟趾 外,『高麗史』

正　祖,『弘齋全書』

趙克善,『冶谷集』

趙秀三,『秋齋集』

蔡濟恭,『樊巖集』

崔　恒 外,『經國大典』

許　筠,『惺所覆瓿藁』

許　穆,『記言』

許　浚,『東醫寶鑑』

許楚姬,『蘭雪軒詩集』

洪敬謨,『冠巖全書』

洪萬選,『山林經濟』

洪錫謨,『陶厓集』

―――,『陶厓詩集』

洪良浩,『耳溪集』

著者未詳,『輿地圖書』

_____, 『是議全書』

기타

『承政院日記』, 국사편찬위원회 DB(http://sjw.history.go.kr)

『朝鮮王朝實錄』, 국사편찬위원회 DB(http://sillok.history.go.kr)

『四庫全書』, 文淵閣四庫全書電子版(http://www.sikuquanshu.com)

『韓國文集叢刊』, 한국고전종합 DB(http://db.itkc.or.kr)

지은이

홍석모(洪錫謨, 1781~1857)

본관은 풍산(豊山), 자는 경부(敬敷), 호는 도애(陶厓). 조선 후기 벌열 가문 출신으로, 이계(耳溪) 홍양호(洪良浩)의 손자이며 훈곡(薰谷) 홍희준(洪羲俊)의 아들이다. 1804년 (순조4) 생원시에 합격하여 과천 현감, 황간 현감을 지내고, 1826년 부친을 따라 청나라에 다녀왔다. 이후 안산 군수, 남원 부사를 역임하였다. 방대한 독서와 여행 경험을 바탕으로 수천 수의 시를 남겼다. 서울의 세시풍속을 소재로 지은 「도하세시기속시(都下歲時記俗詩)」 126수와 우리나라의 세시풍속을 종합한 『동국세시기(東國歲時記)』의 저자로 유명하다. 이 밖에 『상심록(賞心錄)』, 『유연고(遊燕藁)』, 『도애시집(陶厓詩集)』, 『도애시문선(陶厓詩文選)』 등의 저술이 있다.

역해자

장유승

성균관대학교 한문학과, 한국학중앙연구원 한국학대학원을 거쳐 서울대학교 국어국문학과에서 박사학위를 받았다. 현재 단국대학교 동양학연구원 선임연구원이다. 저서로 『일일공부』, 『하루 한시』(공저), 번역서로 『영조 승정원일기』(공역), 『정조어찰첩』(공역), 『현고기』 등이 있다. 『쓰레기 고서들의 반란』으로 한국출판문화상 편집상, 『동아시아의 문헌 교류』(공저)로 한국출판학술상 우수상을 수상하였다.

동국세시기
동아시아 문화의 보편성으로 조선의 풍속을 다시 보다

1판 1쇄 찍음 ∣ 2016년 9월 23일
1판 1쇄 펴냄 ∣ 2016년 10월 10일

지은이 ∣ 홍석모
역해자 ∣ 장유승
펴낸이 ∣ 김정호
펴낸곳 ∣ 아카넷

출판등록 2000년 1월 24일(제2-3009호)
10881 경기도 파주시 회동길 445-3 2층
전화 031-955-9515(편집) · 031-955-9514(주문) ∣ 팩시밀리 031-955-9519
책임편집 ∣ 정정희
www.acanet.co.kr ∣ www.phildam.net

ⓒ 장유승, 2016

Printed in Seoul, Korea.

ISBN 978-89-5733-514-7 94380
ISBN 978-89-5733-230-6 (세트)

이 도서의 국립중앙도서관 출판시도서목록(CIP)은
서지정보유통지원시스템 홈페이지(http://seoji.nl.go.kr)와
국가자료공동목록시스템(http://www.nl.go.kr/kolisnet)에서
이용하실 수 있습니다.(CIP제어번호: CIP2016022719)